Zu diesem Buch

Es ist nicht leicht, über Orgasmus zu reden. Und unmöglich, ihn durch Reden zu erreichen. Orgasmen sind nicht etwas, was man wollen, leisten oder nehmen kann. Orgasmen sind etwas, was man bekommt. – Die tradierte Männerrolle läßt wenig Spielraum für Hingabe, Intimität und Sinnlichkeit – u. a. wesentliche Voraussetzungen für die Fähigkeit zum Orgasmus. Deshalb behandelt dieses Buch auch: die Furcht des Mannes vor Intimität und Nähe; die Furcht des Mannes vor Hingabe; die Identitätsprobleme des Mannes und die Männer, die sich nicht länger blind einordnen lassen in die Forderung der Frauenbewegung nach «einem neuen Mann».

Aber natürlich handelt das Buch auch vom Orgasmus. In ganz konkreter Weise: physiologisch, anatomisch und psychologisch. Es ist von Männern geschrieben, die sich beruflich mit diesem Thema beschäftigt haben, entweder in der Forschung oder als freie Autoren in Artikeln über die Geschlechterrollen.

Tor Nørretranders (Hg.)

Hingabe

Über den Orgasmus des Mannes

Deutsch von
Lothar Schneider

rororo

Rowohlt

Umschlagentwurf: Thomas Henning und Claus Pfitzner
Redaktion: Jürgen Volbeding

15.–21. Tausend Dezember 1983

Deutsche Erstausgabe
Veröffentlicht im Rowohlt Taschenbuch Verlag GmbH,
Reinbek bei Hamburg, Juli 1983
Die Originalausgabe erschien bei
Informations Forlag, Kopenhagen,
unter dem Titel «Hengivelse – en debatbog om mænds orgasmer»

Satz Bembo (Linotron 404)
Gesamtherstellung Clausen & Bosse, Leck
Printed in Germany
780-ISBN 3 499 17759 5

Inhalt

Vorwort

Ist es wirklich so, daß Männer es schwerer haben, einen Orgasmus zu bekommen? Daß viele Männer in Wirklichkeit nur einen Samenabgang haben, ohne einen lusterfüllten, sexuellen Höhepunkt zu erleben? Daß die Männerrolle so wenig Spielraum für Hingabe, Intimität und Sinnlichkeit gibt, daß die Fähigkeit zum Orgasmus zerstört wird?

Niemand kennt die Antwort auf diese Frage, denn der Orgasmus des Mannes ist ein weitgehend unerforschtes und tabuisiertes Thema.

In einigen Kapiteln dieses Buches werden die eben gestellten Fragen bejaht. Trotz unterschiedlicher Auffassungen und Interpretationen der einzelnen Autoren besteht bei allen Einigkeit darüber, daß die Zeit für eine Diskussion und die Beachtung des männlichen Orgasmus reif ist. Die traditionelle Männerrolle verändert sich langsam, und einiges deutet darauf hin, daß sich ganz neue Horizonte für die männliche Sexualität öffnen werden.

Auf den ersten Blick könnte die Behauptung unverständlich erscheinen, daß es die Männer seien, die die größten Orgasmusschwierigkeiten haben. Nach allgemeiner Auffassung haben es die Männer eher leicht – oft zu leicht – zu «kommen», während umgekehrt ein Großteil der Frauen Schwierigkeiten hat, überhaupt zu «kommen». Aber es geht vielleicht darum, daß man Samenabgang und Orgasmus beim Mann nicht gleichsetzen kann. Viele Männer erleben keinen hingebungsvollen, lustgeprägten und entspannenden Höhepunkt der Freude in Verbindung mit dem Samenabgang. Wird die Gleichsetzung Samenabgang = Orgasmus aufgehoben, dann bekommen wahrscheinlich – so wird von mehreren Autoren in diesem Buch behauptet – mehr Männer als Frauen keinen Orgasmus oder haben nur selten dieses Erlebnis.

Dieses Buch handelt von Orgasmen. Aber jede Diskussion über Orgasmen muß noch von etwas anderem handeln. Das tut dieses Buch auch. Der Gegenstand dieses Buches hat einige Autoren zu Beiträgen animiert, die scheinbar unmittelbar nichts mit Sexualität zu tun haben. Denn es geht darum, daß ein Orgasmus nichts ist, was man *will* oder was man einfach kapieren kann, indem man über Orgasmus redet. Orgasmusschwierigkeiten hängen zusammen mit der psychischen, körperlichen und sozialen Lebenssituation, in der Menschen leben. Es ist eher eine Frage der Persönlichkeit als der Technik. Thema des Buches ist deshalb ebensosehr die Furcht des Mannes vor Intimität und Nähe; die Furcht des Mannes vor Hingabe; Identitätsprobleme des Mannes; die Männerrolle, die in der Verteidigung ist; Männer, die dabei sind, durch Zusammensein mit Kindern eine neue Körperlichkeit und Erfüllung kennenzulernen; Männer, die sich nicht länger blind einordnen lassen in die Forderung der Frauenbewegung nach «einem neuen Mann».

Aber natürlich handelt das Buch auch vom Orgasmus. In ganz konkreter Weise: physiologisch, anatomisch und psychologisch. Die Breite der Themen, auf die das Buch eingeht, zeigt auch, daß der Wunsch nach Orgasmus ein besonders radikaler ist, der Leben und Erziehung des Mannes grundlegend herausfordert. Orgasmus ist, wie man vor zehn Jahren gesagt hätte, vor allem eine *politische* Angelegenheit, die sich nur als ein «persönliches» Problem äußert, über das man nicht spricht.

Das Buch ist von Männern geschrieben, die sich professionell mit diesem Thema beschäftigt haben, entweder als Ärzte oder Psychologen oder als Journalisten in politischen Artikeln über die Geschlechterrollen. Psychiatrische, physiologische, anatomische, psychologische, gesellschaftswissenschaftliche, journalistische und literarische Gesichtspunkte werden behandelt. Trotz der Themenvielfalt kann es nicht repräsentativ für alle Männer sein. Kein Autor vertritt z. B. die Schwulenbewegung, ebensowenig wie alle Altersgruppen oder soziale Schichten vertreten sind.

Dieses Buch ist ein Diskussionsbuch und keine Meinungsumfrage.

Es wird mit einem Artikel eingeleitet, der im Winter 1980/81 eine längere Debatte über den Orgasmus des Mannes in der dänischen Zeitung «Information» eröffnet hat. Er wurde geschrieben, nachdem einen Monat lang der Orgasmus der Frau Gegenstand einer umfangreichen Debatte in der Zeitung gewesen war. Der Artikel ist als der einzige früher veröffentlichte Beitrag mitaufgenommen worden, weil er als Startschuß der Debatte für das Verständnis der darauffolgenden Diskussion notwendig ist. Die übrigen Artikel sind unter dem Eindruck der Diskussion geschrieben worden. Aber es ist in dem halben

Jahr, das seit Beginn der Debatte bis zum Schreiben der Beiträge dieses Buches vergangen ist, eine deutliche Entwicklung festzustellen.

Ausgangspunkt war die Frage, *ob* Männer überhaupt Orgasmusschwierigkeiten haben, während der Schwerpunkt in diesem Buch eher in der Frage besteht, *wie groß* diese Probleme sind, verglichen z. B. mit den Orgasmusschwierigkeiten von Frauen.

Sven Holm, Morten Thing und *Søren Vinterberg* wurden gebeten, in ihren Beiträgen von persönlichen und politischen Erfahrungen mit der Sexualität in den letzten zehn Jahren auszugehen. Es wurden Berichte über Identitätskrisen, Kindererziehung, Frauenbewegung und Männerrollen. Alle drei Beiträge sind davon geprägt, daß die Männer endlich eine klarere Gegenhaltung zu den Sexualgewohnheiten, die in den 60er und 70er Jahren entstanden, formulieren. Ohne die Solidarität mit der Frauenbewegung und deren Zielen zu verraten, müssen die Männer sich artikulieren, auch über Orgasmen.

Die übrigen Artikelschreiber wurden gebeten, zu berichten, was sie in ihrer Forschung an Erkenntnissen über den männlichen Orgasmus herausgefunden haben.

Sten Hegeler stellt seine Sicht auf 20 Jahre Orgasmusdiskussion vor; eine Diskussion, die er selbst zusammen mit Inge Hegeler entscheidend geprägt hat. Hegeler erklärt, warum er als Ratgeber für sexuelle Fragen in Wochenzeitungen sich besonders um die Orgasmusschwierigkeiten der Frau gekümmert hat. Er fragt, ob wir wirklich schon so weit sind, es uns leisten zu können, über die Qualität des Orgasmus zu diskutieren, solange immer noch viele Frauen Probleme haben, einen zu kriegen. (Hegeler unterscheidet in seinem Beitrag nicht zwischen Samenabgang und Orgasmus.)

Preben Hertoft betont in seinem Beitrag die Flucht vor Intimität und Nähe als entscheindende Ursache für sexuelle Störungen bei Männern. Hertoft weist gleichzeitig auf die Unterdrückung der Jungensexualität als Hauptursache dafür hin, daß die Flucht vor Nähe das Leben des erwachsenen Mannes prägt; ebenso wird die Bedeutung der Intimitätsangst für die Paarbeziehung der Erwachsenen beschrieben.

Frede Bro-Rasmussen gibt in seinem Artikel eine Übersicht über das derzeitige Wissen von der Anatomie der männlichen Geschlechtsorgane. Er zeigt auf, daß man eigentlich nichts über die Bedeutung des Beckenbodens für das Orgasmuserlebnis des Mannes weiß, obwohl dieses Thema im Zentrum der Diskussion der letzten Jahre über den weiblichen Orgasmus stand.

Gorm Wagner beschreibt in seinem Beitrag die Physiologie der Geschlechtsorgane und deren Funktionsweise. Diese Organe sind im Grunde nicht als Sexualorgane, die sie auch sind, erforscht worden. Gorm Wagner erläutert außerdem, warum die Sexualwissenschaft ein Forschungsgebiet sein kann, das die Forscher vertreibt.

Willy Thrysøe richtet in seinem Beitrag den Blick auf den «kleinen» Sado-Masochismus, der im verborgenen in der Sexualität vieler Männer lebt und in den letzten zehn Jahren in der sexualpolitischen Diskussion verboten war. Thrysøe ist der Ansicht, daß man seine Lustgefühle ohne gleichzeitige Erforschung seiner Aggressionen nicht erforschen kann. Er unterscheidet zwei Formen von Orgasmen: den verspannten, sado-masochistischen und den weichen, hingebungsvollen Orgasmus.

Ole Storm Jensen weist in seinem Artikel auf die Bedeutung eines Körperbewußtseins für die Sexualität hin. Hingabe, eine Bedingung für Orgasmus, ist überall in dieser Gesellschaft etwas Verbotenes, so daß man sich nicht zu wundern braucht, wenn Hingabe auch im Sexualleben fehlt. Der tägliche Gebrauch unseres Körpers unterdrückt gerade die Seiten, die mit Hingabe zum Orgasmus zu tun haben.

Endlich ist das Buch mit einer *Nachschrift* versehen, verfaßt vom Herausgeber. Im Mittelpunkt stehen Körperannahme und Körperhaß, weil sie den Schlüssel zum Verständnis der mangelnden Hingabefähigkeit bilden. Außerdem wird über eine halbjährliche Behandlung in einer Entspannungstherapie berichtet und deren Bedeutung für die Veränderungen im Sexualleben aufgezeigt.

Der Leser erhält mit diesem Buch keine klaren Antworten, eher eine Reihe von Fragen und einen Überblick über das bestehende Nichtwissen. Hoffnung dieses Buches ist es, zum Durchbrechen eines Tabus und zum Beginn einer umfangreichen Diskussion beizutragen, sowohl zwischen Männern wie zwischen Mann und Frau und nicht zu vergessen zwischen Frau und Frau.

Das Format des Buches eignet sich zum Vorlesen für die Partner.

Es ist nicht leicht, über Orgasmus zu reden. Und unmöglich, ihn durch Reden zu erreichen. Orgasmen sind nicht etwas, was man wollen, leisten oder nehmen kann. Orgasmen sind etwas, was man *bekommt*, vielleicht wie eine Gnade.

Deshalb ist es ein so schwieriges Diskussionsthema. Aber gleichzeitig ein so wichtiges Thema, problemreich und radikal.

Dem Wort des deutschen Schriftstellers Hans Magnus Enzensberger zufolge *lügen* die Dichter:

«Weil der Augenblick, in dem das Wort *glücklich* ausgesprochen wird, niemals der glückliche Augenblick ist ... Weil Orgasmus und *Orgasmus* nicht miteinander vereinbar sind.»

So auch in diesem Buch.

Kopenhagen, August 1981
T.N.

Tor Nørretranders

Männer reden nicht über ihre Orgasmen

«Erahne allmählich auch etwas von dem Ganzen, eine zärtliche Häutlichkeit, nicht sofort hin zum Orgasmus, mehr so in sich ruhend, ganz im Gegensatz zu beinahe allen meinen früheren sexuellen Erfahrungen, und erkenne, daß hinter meiner bisherigen aggressiven Sexualität die ganze Zeit der Wunsch nach Hingebung gelegen hat, das Zusammenfließen mit dem andern, daß aber diese Aggressivität, die ich für nötig hielt, den Punkt zu erreichen, mich gerade daran gehindert hat, ihn zu erreichen. Als wir einmal bumsen, kommt sie so richtig über mich, die Zärtlichkeit für sie steigt und steigt in meinem Körper, während ich sie überall küsse und es mir beinahe unmöglich ist, mein Glied in ihr zu bewegen, und ihr Körper ist eine einzige Antwort, wie auch meiner auf ihre Liebkosungen, immer mehr, bis der Kopf auf eine Art explodiert, wie ich es vorher noch nie erlebt habe, und was mich später darüber nachdenken läßt, ob ich jemals während der fünfzehn Jahre Sexualleben einen richtigen Orgasmus erlebt habe: Samenerguß, schon, aber Orgasmus, wie hier, nein.»

Hans-Jørgen Nielsen: «Der Fußballengel»
Deutsch von Herbert Zeichner

«Viele Männer scheinen einen Samenabgang zu haben ohne einen Orgasmus zu bekommen», schreibt der amerikanische Arzt Irving London. «Viele Männer wissen nicht, was ihnen entgeht», meint der Sexologe Preben Hertoft. «Viele Männer bekommen oft nur sehr oberflächliche Orgasmen», so der Sexualtheoretiker Willy Thrysøe.

Es sieht so aus, als gäbe es Probleme mit dem männlichen Orgasmus. Anscheinend erleben viele Männer ihren sexuellen Höhepunkt oft nicht als befriedigend, selbst wenn sie zum Samenerguß kommen. Viele fühlen sich während oder nach dem Samenabgang unbefriedigt.

Aber man weiß es nicht. Darüber redet man nicht und betreibt auch keine Forschung. Man kann feststellen, daß das, was an Wissen über männliches Orgasmusleben zugänglich ist, keineswegs ausreicht. «Die Orgasmen der Männer sind unerforscht», sagt Preben Hertoft. «Wir haben nur ein sehr begrenztes Wissen über den männlichen Orgasmus», so der Sexualphysiologe Gorm Wagner. «Es gibt so gut wie keine Diskussion des Orgasmus in der Männerliteratur», sagt Wilhelm von Rosen von der homosexuellen Befreiungsfront.

Männer reden offenbar nicht über Orgasmen, sie forschen nicht darüber und machen auch nicht Politik damit. Die Orgasmen der Frau dagegen sind ausführlich erforscht und diskutiert, sowohl in der Frauenbewegung wie in der Tageszeitung *Information*. Der Hite-Report, die Emanzipationsbewegung und die Sexologen haben ihr Augenmerk auf Form und Qualität des weiblichen Orgasmus gerichtet. Was die männlichen Orgasmen angeht, herrscht Schweigen.

Eine unmittelbare Erklärung könnte darin zu suchen sein, daß bei weitem die meisten Männer es leicht haben, beim Beischlaf den Samenabgang zu bekommen. Aber die Frage ist dann, ob Samenerguß und Orgasmus dasselbe sind.

Begrenzte Orgasmen

«Eske Holm machte vor fünf Jahren in ihrem Buch über ‹Die maskuline Mystik› darauf aufmerksam, daß Orgasmus und Samenabgang nicht dasselbe sind», sagt Preben Hertoft, der sich täglich klinisch im Rigshospital in Kopenhagen mit sexuellen Problemen beschäftigt. «Orgasmus und Samenabgang begleiten einander oft, sind aber nicht dasselbe. Auch Männer spielen Orgasmus. Einige Männer ‹tun so als ob›, um den Beischlaf zu beenden. Sie kommen vielleicht schon zum

Samenabgang, sind aber so leistungsorientiert, daß sie nicht wissen, was ihnen entgeht», sagt Hertoft.

«Männliche Orgasmen sind oft sehr viel begrenzter und lokalisierter als weibliche», meint Willy Thrysøe, der im letzten Jahr den ersten Band in einer Reihe theoretischer Beiträge zu einer «Sexualwissenschaft» herausgegeben hat. Er arbeitet als Wissenschaftler im Universitätszentrum Roskilde (RUC). «Problem der Männer ist der oberflächliche Orgasmus, begrenzt auf die Umgebung direkt um den Penis. Sie bekommen oft nicht das saugende und mystische Ganzheitserlebnis, über das Frauen berichten. Der männliche Orgasmus pflanzt sich selten in den Körper fort. Man hat den männlichen Orgasmus als Selbstverständlichkeit betrachtet, nicht der Diskussion wert. Männer haben sich nicht um die Qualität des Orgasmus gekümmert, sie sind einfach ‹nur gekommen›. Aber Orgasmen sind keine feste Größe. Sie werden sehr differenziert erlebt. Es ist notwendig, sich für das Orgasmuserlebnis des Mannes zu interessieren», sagt Thrysøe.

Jedenfalls wird der physiologischen Erforschung der männlichen Sexualität nicht viel Gewicht beigemessen. Gorm Wagner erforscht die Physiologie der Sexualität am Panum Institut im Auftrag der Kopenhagener Universität. Wagner hat im Laborversuch Frauen gebeten, die Stärke ihrer Orgasmen in einer Skala von 0 bis 5 anzugeben, wenn sie zu Forschungszwecken im Labor «kommen». Er macht auch Laborversuche mit männlicher Sexualität, aber ohne Auswertung der Orgasmuserlebnisse auf einer Skala. «In der wissenschaftlichen Forschungsliteratur findet sich keine Beschreibung von Variationen männlichen Orgasmuserlebens», sagt Wagner. «Man hat den Samenabgang des Mannes vom Fruchtbarkeitsstandpunkt aus studiert. Man hat Impotenz und zu frühen Samenabgang studiert. Aber man hat nicht den sexuellen Höhepunkt des Mannes und dessen Erleben studiert. Wir wissen etwas über die Physiologie des männlichen Orgasmus, aber nichts darüber, wie die physiologischen Prozesse auf das Erleben des Orgasmus einwirken», sagt Wagner.

Aber warum wird der männliche Orgasmus nicht erforscht? Gorm Wagner antwortet darauf: «Die Patienten klagen über Impotenz und zu frühen Samenabgang, wenn sie zum Arzt kommen. Aber es ist sehr selten, daß sie darüber klagen, keinen Orgasmus zu bekommen oder über dessen Qualität.»

Die Ärtze forschen nicht über die Qualität des männlichen Orgasmus, weil Männer nicht darüber reden. Das ist ein Tabu zwischen Männern und zwischen Mann und Arzt. Deshalb weiß man fast nichts über eventuelle Orgasmusprobleme.

Muskelanspannungen

In Verbindung mit der Vorarbeit zu diesem Artikel führte ich eine kleine, amateurhafte Befragung unter meinen männlichen Bekannten durch, um etwas über Orgasmusprobleme zu erfahren. Hauptproblem schien zu sein, daß der Orgasmus lokalisiert ist, konzentriert um den Penis, besonders die Eichel, während der übrige Körper nur selten «mitkommt». Als Ursachen dafür werden Spannungen in der Muskulatur des Unterleibs genannt, besonders in den Oberschenkeln und im Bauch. Ich bat Preben Hertoft, Willy Thrysøe und Gorm Wagner, diese Beobachtung zu erklären.

«Der Mann spannt die Muskeln der Oberschenkel und des Bauchs an in dem Bemühen, während des Beischlafs die Klitoris zu stimulieren», meint Willy Thrysøe. «Diese Anstrengung führt leicht zu einem oberflächlichen Orgasmus, weil er in den angespannten Muskeln eingesperrt wird und sich nicht in den übrigen Körper ausbreiten kann. Aber die Spannungen kommen nicht nur daher, daß die Männer sich anstrengen, um dem Partner Befriedigung zu verschaffen. Dahinter stecken in vielleicht noch höherem Maße unbewußte Faktoren. Die Männer haben von Kindesbeinen an gelernt, sich zu bremsen, sich zurückzuhalten und den Unterleib anzuspannen. Man hat gelernt, die Lust niederzuhalten, das Lusterlebnis zu bremsen.»

Aber das erklärt noch nicht die Beschreibung der Spannungen als eine Bedingung dafür, zum Orgasmus zu kommen?

«Es kann auch sein, daß die Männer versuchen, die Spannung und die Erregung durch Anspannen der Muskeln zu erhöhen, weil das Anspannen einen aggressiven Zug hat. Man versetzt sozusagen die Erregung mit einer gewissen Aggression in Spannung, die – wenn auch unbewußt – die Erregung erhöht. Diese Muskelanspannung will die Erregung erhöhen, tut das aber auf Kosten des Ergusses selbst, der von den Anspannungen blockiert wird. Der Orgasmus wird begrenzt und wird scharf wie eine Rasierklinge», so Willy Thrysøe.

Preben Hertoft sagt zu den Muskelspannungen:

«Es ist ja Wilhelm Reichs grundlegende Idee, daß der Orgasmus unvollständig wird, weil Atmung und Muskelanspannung sperrend wirken. Das kann nach Reich zu einem Aggressionsstau führen, der dann gesellschaftlich z. B. im Faschismus zum Ausbruch kommen kann.»

Heißt das, daß Männer ohne Anspannung tiefere Orgasmen erleben könnten?

«Ich will hier keine Hierarchie von Orgasmen aufstellen und sagen, daß der eine besser ist als der andere. Man muß sich nach seinen eigenen Erlebnissen richten. Man muß sich selbst fragen: Weshalb ist es nötig, anzuspannen, weshalb ist eine muskuläre Panzerung notwendig? Eben weil man sich in dieser Welt behaupten muß, in dieser Gesellschaft. Es fällt einem schwer, auf seine Muskelkraft, die draußen in der Konkurrenz notwendig ist, zu verzichten, sobald man nach Hause und ins Bett kommt. Wir unterdrücken uns täglich gegenseitig und erwarten trotzdem, eine tiefe, allumfassende Transzendenz in der Erotik erleben zu können. Die Erwartung, daß die Leute nach einem anstrengenden und harten Arbeitstag nach Hause kommen, sich aller Spannungen entledigen und Transzendenz erleben, ist lächerlich», sagt Hertoft.

Aus der mehr physiologisch orientierten Perspektive der Sexologie meint Gorm Wagner über die Muskelanspannungen: «Ich habe nichts darüber gehört. Sie sind physiologisch nicht untersucht.»

Der kleine Techniker

Aber sind die Muskelanspannungen und der oberflächliche Orgasmus nur ein Produkt des Kapitalismus und dessen Erziehung von Jungen? Oder könnte nicht eine Neuorientierung der Auffassung von Sexualität und Beischlaf Möglichkeiten für ein reicheres Erleben eröffnen?

«Ja, denn die Zeit des kleinen Technikers ist vorbei», sagt Willy Thrysøe. «Die zentrale Bedeutung des klitoralen Orgasmus in den 60er und 70er Jahren, wo der Mann zum kleinen Techniker wurde, war vielleicht historisch notwendig. Aber das hat gleichzeitig dazu geführt, daß viele Männer zu Zuschauern ihrer eigenen Sexualität wurden, weil sie sich auf die Reaktionen der Frauen konzentrierten. Diese Technikerwelle war vielleicht historisch notwendig, damit die Männer die Bedürfnisse der Frau erkannten, aber sie ist problematisch, weil sie den Mann von seinen eigenen Erlebnissen entfernt.»

«Die Männer sollen lernen, sich zu entspannen, sich hinzugeben, sollen das Erlebnis sich in den Körper ausbreiten lassen», sagt Thrysøe. «Der Beischlaf wird weich, weil der Körper ohne Spannungen bewegt wird, automatisch der weichen, psychischen Intensität folgend. Das bedeutet ein Aufgeben der Techniker- und Zuschauerrolle. Und es bedeutet, daß man erkennt, daß solche entspannten Orgasmen nicht so leicht ‹getimet› werden können wie die angespannten. Wenn man den Körper tun läßt, was er will, muß man – jedenfalls anfangs – darauf verzichten, gleichzeitig zu ‹kommen›. Aber das bedeutet nicht, daß der psychische Kontakt geringer wird, im Gegenteil», meint Willy Thrysøe.

«Es ist eine Frage des Gebens und Nehmens», sagt Preben Hertoft. «Die Sexualität der Frauen ist nicht bloß passiv, aber Männer werden leicht unsicher, weil sie glauben, nicht passiv und nehmend sein zu dürfen oder können. Es erfordert ein starkes Gefühl, zusammengesetzt aus Geborgenheit, Geben und Nehmen. Männer könnten Angst haben, ihre Muskelkraft aufzugeben. Angst vor Leere. Eine Angst vor Veränderung könnte auftreten, weil man sich lieber an den Erlebnisbereich hält, den man kennt. Jedes ‹Sich Öffnen› führt leicht zu einer Phase der Unruhe. Das ist wie mit einem Vogel, den mein Sohn einmal hatte. Er wollte nicht aus seinem Käfig fliegen, obwohl der offenstand», sagt Hertoft.

Die Kritik an der aggressiven Sexualität der Männerrolle kam nicht zuletzt von seiten der Homosexuellen.

«Ich erlebte vor kurzem zum erstenmal einen Orgasmus, nachdem ich schwul geworden war», erzählt Jacob Wind-Hansen von der Befreiungsfront der Homosexuellen. «Während meiner langen heterosexuellen Periode habe ich nie einen Orgasmus erlebt, nur Samenabgang. Ich habe geglaubt, das müßte so sein. Der Leistungsdruck in der männlichen Sexualität blockierte jeden Orgasmus. Jetzt, wo ich Orgasmus erlebt habe, habe ich entdeckt, daß der überhaupt nicht im Penis sitzt. Es geht darum, daß das ganze Hirn leer wird, wie bei einer Meditation. Ein totales Erlebnis von Freiheit und Unbeschwertheit. Das habe ich nicht erlebt, wenn ich in hetero-sexuellen Beziehungen der Aktive sein mußte, der den Ablauf jederzeit steuerte und siegreich aus dem Kampf hervorgehen mußte.»

Ist an dieser Leistungsforderung die Diskussion über den weiblichen Orgasmus schuld?

«Ja, enorm. Man ist kein Mann, wenn man der Frau keinen ordentlichen Orgasmus verschafft. Leicht und nonchalant übergeht man seinen eigenen Orgasmus.»

Aber die passive männliche Sexualität ist doch nicht auf homosexuelle Beziehungen beschränkt?

«Nein, aber eine passive Sexualität in einer heterosexuellen Beziehung erfordert das Niederreißen von vielen Barrieren. Aber das wäre natürlich auch nötig, wenn man schwul werden würde.»

Finn Mikkelsen, auch aktiv in der Homosexuellenbewegung, meint: «Wir Schwulen haben zwei sexuelle Zentren: Den Schwanz und das Loch im Hintern. Bei analem Geschlechtsverkehr wird die Prostata direkt gereizt, weil der Schwanz dieses Organ massiert, das am Mastdarm anschließt. Man kann einen reinen Prostataorgasmus bekommen, ohne jede Stimulation des Schwanzes. Das ist ein sehr starkes Erlebnis.»

Prostata-Orgasmus

Prostata-Orgasmus! Ist das die Antwort der Schwulenbewegung auf den tiefliegenden weiblichen Vaginalorgasmus? Kaum, aber aus der bescheidenen Kenntnis der männlichen sexuellen Physiologie geht hervor, daß die Prostata eine ungeheuer wesentliche Rolle für den männlichen Erguß spielt.

Die Prostata ist eine walnußgroße Ansammlung von Muskeln und Drüsen, die direkt unter der Harnblase liegt und die Harnröhre umschließt. Die Prostatadrüse sondert ein Sekret ab, das in den männlichen Samen eingeht. Ihre rhythmischen Zusammenziehungen sind entscheidend für den männlichen Samenerguß.

Die Prostata ist eine wichtige Station der Samenzellen auf ihrem Weg zur Befruchtung des weiblichen Eies. Die Samenzellen werden in den Hoden gebildet und in den Bereich der Prostata geleitet, wo Sekrete aus der Prostata und aus zwei anderen Drüsen sich mit den Samenzellen vermischen und zum Samen werden. Beim Erguß passieren gewaltige Kontraktionen im ganzen Prostatabereich und der Harnröhre. Dabei wird der Samen durch den Penis hinausgespritzt.

Zieht man einen einfachen Vergleich aus der Diskussion über den weiblichen Orgasmus heran, könnte man glauben, daß diese Kontraktionen der Prostata ausschlaggebend für tiefes Orgasmuserleben sind,

Der Weg des Samens

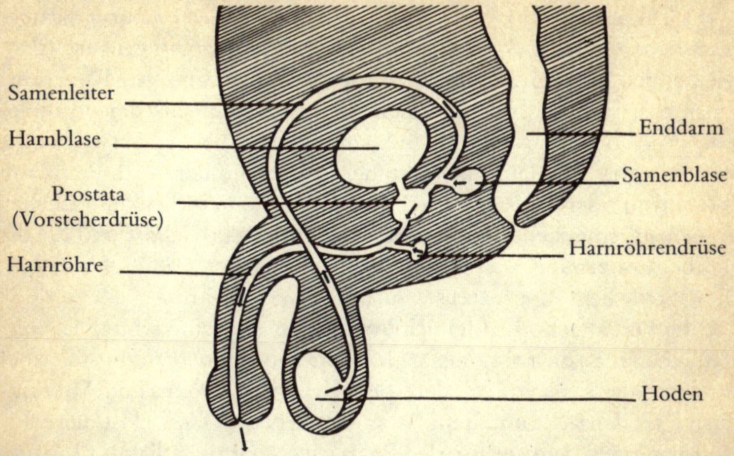

ebenso wie bei den Frauen die Kontraktionen in der Scheide und der Gebärmutter.

«Wir wissen, daß der Prostatabereich und der Schließmuskel im Enddarm sich beim Samenerguß rhythmisch zusammenziehen», sagt Gorm Wagner. «Aber wir wissen nichts darüber, welcher Zusammenhang zwischen diesen Kontraktionen und dem Orgasmuserlebnis besteht.»

Weiß man etwas darüber, inwieweit die Stärke der Kontraktionen bei verschiedenen Orgasmen und bei verschiedenen Männern variieren kann?

«Nein, darüber wissen wir nichts», sagt Wagner.

Über die Bedeutung der Prostata für das Orgasmuserlebnis meint Preben Hertoft: «Ich bin nicht so sehr dafür, die Orgasmusfrage aufzuteilen, als handelte es sich um einzelne Organe. Der ganze Körper ist auch ein Geschlechtsorgan, und Orgasmus kann an vielen Stellen erlebt werden.»

Die Frage über die Bedeutung der Prostatareizung ist sozusagen völlig offen. Doch finden sich einzelne Zeugnisse über die Bedeutung dieses Organs.

Der Psychoanalytiker Otto Fenichel schrieb 1946 in dem Buch «The psychoanalytic theory of neurosis»:

«Es ist merkwürdig, wie wenig in der analytischen Literatur darüber geschrieben wird, daß das männliche Geschlechtsorgan genauso (d. h. wie bei den Frauen) zwei Zentren hat. Fragt man passive Männer, bei denen passive anale Neigungen über die aktiven phallischen dominieren, wo sie die intensivsten Gefühlsregungen haben, so antworten sie mit etwa gleicher Häufigkeit: An der Wurzel des Penis, im Perineum (= Damm) oder im Rektum (= Enddarm). In Wirklichkeit beziehen sie sich auf eine Stelle, die von außen nicht zugänglich ist und die die gleiche Entfernung von Peniswurzel, Perineum und Rektum hat. Diese Stelle liegt im prostatischen Teil der Harnröhre.»

Oder vereinfacht: Im Bereich um die Prostata kann stimuliert werden, wenn man die Erregung an der Eichel vermindert zugunsten einer Erregung der Peniswurzel, dem Bereich zwischen Penis und After (inclusive Hodensack) und dem After selbst. Nach Fenichel ist diese Stimulierung des Bereichs um den Penis eher verantwortlich für Lustgefühle, ausgehend von der Prostata, als die Stimulierung des Penis selbst.

Das ähnelt einer Theorie von einem «tieferen» männlichen Orgasmus, der zurückgeht auf eine Erregung des ganzen Unterleibs. Schwule berichten davon bei analem Geschlechtsverkehr, aber rein technisch besteht auch für den heterosexuellen Verkehr kein Hindernis, sich mehr auf diese Bereiche zu konzentrieren.

Ausgehend vom bestehenden sexologischen Wissen kann man nicht sagen, ob an dieser Theorie was dran ist.

«Ich habe schon davon gehört, daß Männer einen Punkt an der Wurzel des Penis bezeichnen, der sehr empfindlich ist. Aber diese Frage ist gänzlich unerforscht», meint Preben Hertoft.

Gorm Wagner sagt über die Prostatatheorie: «Es klingt interessant, aber es gibt nichts wissenschaftliches darüber. Die sexuell besonders empfindlichen Bereiche des männlichen Körpers sind überhaupt nicht erforscht. Aber wir wissen, daß 50 % der sexuell normalen Männer auf Vibrationsstimuli der Eichel überhaupt nicht reagieren.»

Geh auf Entdeckungsreise!

Aber was auch immer von der Richtigkeit der Theorie eines speziellen Prostataorgasmus zu halten ist, sie weist daraufhin, daß der Penis nicht der einzig empfindliche Bereich beim Mann ist.

«An dieses Thema knüpfen sich viele Tabus, aber es besteht kein Zweifel, daß viele Männer an vielen Stellen des Körpers sehr empfindlich sind, z. B. am Enddarm und an den Brustwarzen», sagt Preben Hertoft.

«Es geht darum, seine empfindlichen Stellen zu entdecken», meint Finn Mikkelsen.

Dazu sind Männer nicht erzogen worden. Aber fraglich ist auch, ob es die Frauen sind. Der amerikanische Hite-Report, in dem 3000 Frauen über ihre sexuellen Erfahrungen berichten, bietet jedenfalls darüber eine klare Aufklärung an. Die Frauen wurden gefragt: «Glaubst du, daß die meisten Männer mehr vom Geschlechtsakt selbst haben als vom sexuellen Zusammensein als Ganzem?» Zwei Drittel der Frauen, die diese Frage beantworteten, bejahten die Frage. Frauen meinen also, daß Männer das sogenannte Vorspiel, bei dem z. B. Hodensack und Perineum gereizt werden können, für weniger befriedigend halten als den Akt selbst.

Das kann man auf zwei Weisen deuten. Entweder liegt Männern tatsächlich nichts am Vorspiel und sie legen demnach keinen Wert auf eine umfassendere Sexualität. Oder aber Männer sind nicht fähig, es zu genießen. Eine der Frauen sagt im Hite-Report: «Er mag lieber einen kleinen schnellen Fick als ich, aber es scheint auch, als ob er *seinen* Orgasmus mehr genießen könnte, wenn ich ihn längere Zeit vor dem Akt stimuliert habe.»

Nichts Neues an der Männerfront

Die Debatte über den weiblichen Orgasmus, die Mitte der 60er Jahre begann und im Winter 1980/81 in der Tageszeitung *Information* neu angefacht wurde, dokumentiert, daß Frauen eine reiche Variation von Orgasmen erleben können, sowohl was Stärke wie Ort des sexuellen Höhepunkts betrifft. Ob Männer entsprechende Fähigkeiten haben, ist wissenschaftlich gesehen eine offene Frage. Die Sexologie kann heutzutage den Männern im großen und ganzen nicht mehr erzählen, als es der berühmte schwedische Biologe Carl von Linné um 1790 in seinen Sexualvorlesungen getan hat:

«Die Alten haben behauptet, daß die Frauen einen größeren Genuß beim Beischlaf haben würden als die Männer, weil sie sich sowohl öffnen wie den Samen empfangen, aber es ist ungewiß; es ist genug, daß jeder auf seine Weise großes Vergnügen daran hat, damit viele sich danach sehnen und danach drängen.»

Die fehlende Diskussion über den männlichen Orgasmus wird 200 Jahre nach Linnés Betrachtungen in einer Witzzeichnung der Illustrierten «Seksualpolitik» gezeigt, wo ein Herr die narzißtische Reaktion des Mannes auf die Emanzipation der Frau ausdrückt:

«Ich verschaffe ihr natürlich jedesmal einen Orgasmus. Zuerst ein Vorspiel zum Anheizen. Und wenn sie so richtig geil ist, schlecke ich sie zum Orgasmus, daß sie ganz wild wird und mir die Nägel in den Rücken bohrt. Mein Orgasmus? Ja, davon liefere ich jedesmal ein Löffelchen voll ab!»

Ist das Schweigen des Mannes Ausdruck dafür, daß dieses kleine Löffelchen voll alles ist, was über unsere Ausbeute an der sexuellen Revolution der letzten 15 Jahre zu berichten ist?

Oder ist es etwa schöner?

[Dieser Artikel wurde zum erstenmal in der Tageszeitung *Information* am 30. Januar 1981 veröffentlicht.]

Sven Holm

Der objektive Cowboy

Betrachtungen über männliche Sexualität und Identität

Interessant ist nicht die Sexualität. Sie ist da. Wie das Gelbe vom Ei. Interessant ist, wann und wie Sexualität ihre Form findet. Wie sie sozusagen ein soziales Gesicht bekommt. Welche Konturen etwas hat, das gleichzeitig so kraftvoll und so formlos ist.

Der intensive Einschlag von Anarchismus, der in der Sexualität liegt, ist sowohl grenzüberschreitend als auch – natürlich aus demselben Grund – normsetzend. Sie ist vielleicht, nach dem Hunger die Kraft, die den einzelnen am deutlichsten aufbegehren läßt und die Gemeinschaft zur Zurückhaltung veranlaßt. «Verlieben ist eine revolutionäre Bewegung, bestehend aus zwei Personen», so der italienische Soziologe Francesco Albertoni.

Ich kann mich genau erinnern, wie sich die Sexualität – ausdruckslos, ohne Norm – äußerte, als ich etwa elf Jahre alt war.

Ich war ziemlich ängstlich in den Turnstunden. Außer, daß ich schneller als die meisten laufen konnte, war ich nicht besonders sportlich. Ich schaffte es unweigerlich, beim Fußballspielen ein Eigentor zu schießen und die Stange von den Hochsprungständern zu reißen, bevor ein anderer sie auch nur berührte. Ich blieb auf dem Kasten sitzen, über den die anderen sprangen, als ob das fette Lederpolster des Kastens mich magisch anzog, während ich Anlauf nahm. Ich konnte, kurz gesagt, nicht viel Bestätigung in der Welt des Sports holen, konnte mich kaum damit identifizieren.

Aber dann geschah etwas Wunderbares: das Seil kam in mein Leben. Das Kletterseil, das dicke, graubraune, nach Hanf duftende Seil, das an seiner Aufhängung in den Turnsaal glitt wie eine Seitenkulisse im richtigen Augenblick in die Theaterszene.

Ich fing an, das Seil zu lieben. Wortwörtlich. Es zeigte sich, daß ich ein Meister im Seilklettern war. Man hätte glauben können, daß ich mich allen anderen sportlichen Talenten verweigert hatte, um mich auf das eine zu konzentrieren: Seilklettern.

Und so kletterte ich. Schneller, geschickter als alle andern. Ich huschte sozusagen nach oben. Meine Turnnote stieg mit. Ebenso die Achtung meiner Kameraden. Aber keiner – auch ich nicht – ahnte, daß die Sexualität als Treibstoff bei meinen Klettereien wirkte.

Es war nämlich so, daß ich, während ich kletterte, einen Orgasmus bekam, und zwar auf wunderbare Weise genau dann, wenn ich an der Decke angelangt war. Nicht bei der Hälfte oder zwei Dritteln der Strecke. Sondern genau bevor ich mit dem Kopf an die Decke knallte. Ich hing da und sah ausgesprochen selig aus. Und das Geheimnis bestand darin, daß ich selig war. Total selig.

Ich habe es übrigens wie ein Geheimnis für mich behalten. Ich ritt auf dieser Orgasmuswelle einige Monate, ohne ein bestimmtes Bild oder eine bestimmte Vorstellung damit zu verbinden. Es war rein und unschuldig und ging über alle sinnlichen Wahrnehmungen hinaus. Und das war besonders eigentümlich, weil es mir zu dieser Zeit sehr gefiel, nackte Frauen zu sehen oder an sie zu denken. Ich habe beides nur nicht miteinander verbunden, obwohl beides bewirkte, daß mein Schwanz steif wurde.

Das mit den nackten Frauen war etwas, das ich teils für mich und teils zusammen mit den andern hatte. Innerlich und äußerlich gleichermaßen. Privat und sozial. Aber das mit dem Orgasmus bedeutete etwas ganz Besonderes. Ich hatte von solchen Gefühlen nie gehört. Mein Erlebnis mußte also – so gut wie – einzigartig sein. Vielleicht ein Fehler in meinem Körper, eine Mißbildung, wenn auch wunderbarer Art, wie eine göttliche Warze. Ich habe wirklich anfangs geglaubt, daß ich als einziger dieses glückselige Gefühl, wie es der Orgasmus war, erlebte. Und ich glaubte, es wäre ein Irrtum. Aber ich habe eigensinnig beschlossen, diesen Irrtum auszunützen. Hemmungslos und heimlich. Wo immer ich konnte, habe ich mit meinen Fähigkeiten im Seilklettern geprahlt und wurde natürlich von den andern Wichtigtuern herausgefordert. Ich gewann auch in der Regel, aber das war mir völlig gleichgültig, weil ich in dem Augenblick, wo ich die Süße des Sieges genießen hätte können, nur in meinem eigenen glänzenden Orgasmus lebte.

Am Abend, wenn ich nicht in den Turnsaal konnte, kletterte ich auf

Lichtmasten. Am schönsten war es, wenn das Licht angezündet war und die glühende Birne mir direkt ins Gesicht blitzte, während ich durch den Weltenraum flog.

Problematisch wurde es, als allmählich der Samen kam. Das dauerte aber ein paar Monate bis dahin. Ich hatte natürlich schon ein bißchen Feuchtigkeit oder Tropfen in der Hose bemerkt, aber ich glaubte, das wäre Schweiß von meiner eifrigen Kletterei. Aber eines Tages lief etwas an meinen Schenkeln runter. Und als ein Kamerad einige Tage später erzählt hat, wie er und ein paar andere entdeckt hätten, daß ich, während ich oben am Seil gehangen bin, einen Ständer und so einen seltsamen Gesichtsausdruck gehabt hätte, habe ich augenblicklich und konsequent mit meinen Klettereien aufgehört.

Man kann sagen, daß ich von der reinen Sexualität herunterfiel und anfing, ein sexuelles Wesen zu werden. Der Trieb war dabei, eine Form zu finden. Oder genauer gesagt: er war ziemlich verwirrt darüber, entdeckt und bezeichnet zu werden, aber das war schon der Beginn der Suche nach einer der möglichen Einordnungen, die zur Verfügung standen. Der Trieb *wollte* unter allen Umständen weiterleben. Wenn ich ihn auch mit andern in Scham und Lust teilen mußte. Damals wurde die Sexualität zum Schwanz. Und der Schwanz hatte nichts anderes im Kopf als die Möse. Man kann das auch eine Sozialisierung nennen.

Die Sexualität des Kindes

Der Grund dafür, daß ich mir den Orgasmus überhaupt vorstellen konnte als ein wunderbares Gebrechen, das nur mich befallen hatte – und vielleicht ein paar andere, denn das bildete ich mir tatsächlich ein (und ich war überzeugt, daß die genauso behutsam aufgetreten sind wie ich) – dieser natürliche Hochmut hat natürlich verschiedene Gründe.

Erstens die Tatsache, daß die Sexualität ursprünglich tief egozentrisch ist. Nicht notwendigerweise egoistisch, dazu wird sie meiner Meinung nach erst in dem Augenblick, in dem eine Person sich aus dem einen oder anderen Grund entschließt, sich in der Egozentrik einzuschließen. Also sich entschließt, sie über ihr natürliches Stadium zu verlängern. Doch wird das egozentrische Element immer wesentlich sein, aber die Fülle der Sexualität wird später von ihrer Fähigkeit zur Komplexität abhängig sein, ihrer Fähigkeit, vielschichtig zu sein.

Zweitens kann mein frühzeitiges Erlebnis des Orgasmus darauf bezogen werden, daß (zumindest in meiner Generation) die Belehrung über Sexualität meist eine Drohung enthielt: sie konnte Schwangerschaft verursachen und war im übrigen mit demselben Organ verbunden, mit dem die Abfallstoffe des Körpers ausgeschieden wurden: dem Pimmel. (Ein Wort, das eigentümlicherweise immer noch für dieses Organ verwendet wird, selbst wenn es in erigiertem Zustand ganz andere und viel wunderbarere Dinge unternimmt.) Allgemein kann man feststellen, daß das Christentum es geschafft hat, das ganze Vergnügen auf seine Seite zu bringen insofern, als es eine physiologische Tatsache ist, daß man mit demselben Organ liebt und pißt. Das hat den zwei Handlungen eine falsche Gemeinschaft aufgeprägt, aber die Verbindung ist genauso eng wie die zwischen essen und sprechen: beide Handlungen werden mit dem Mund vorgenommen, ohne daß jemand darauf kommt, sie zu verwechseln.

Mir war also, bevor ich mit dem Seilklettern begann, hauptsächlich eine negative Auffassung von Sexualität eingeimpft worden. Und ich konnte mir nicht vorstellen, daß das enorme Lustgefühl mit diesem Thema zu tun haben könnte. Ich hatte in diesem Zusammenhang nie etwas von Freude, Lust oder Ekstase gehört. Das Erlebnis stand also einzigartig da, der LSD-Trip eines Elfjährigen. Ich betrachte es als Glück, daß ich die Möglichkeit hatte, das Erlebnis anzunehmen statt davon erschreckt zu werden und es abzuweisen – oder bei einer Autorität Hilfe zu suchen. Ich kann mich nämlich erinnern, wie uns der Biologielehrer ein halbes Jahr später belehrte, daß das, was beim Onanieren herausspritzt, die pure Rückenmarksflüssigkeit ist und daß wir keine gesunden und natürlichen Männer werden könnten, wenn wir sie nicht ließen, wo sie hingehört. (Vielleicht ist es nötig, darauf hinzuweisen, daß das 1952 in Oslo passiert ist, obwohl ich mir sicher bin, daß der norwegische schwarze Mann viele Verwandte zwischen Skagen und Gedser gehabt hat – und hat.) Aber ich hatte zu dem Zeitpunkt, an dem der Biologielehrer versuchte, seine Hand schonend über uns zu halten, schon länger richtig onaniert und war mir sicher, daß der Mann total verlogen und falsch war.

Ich fasse zusammen: Mir gelang es, ein paar Monate in reiner und unverstellter Ekstase zu leben, wie ein zweiter Adam, der, selbst wenn der Herr niemals Eva aus seiner Rippe geschaffen hätte, im Paradies herumspaziert wäre und mit einem Lächeln auf den Lippen Äpfel gegessen und seinen Schwanz geknetet hätte.

Die «Deutung» kam erst später dazu. Die männliche Sexualität war wie eine Tracht, die der identitätslosen anarchistischen Sexualität angezogen wurde, was Freud mit treffender Bigotterie die polymorph perverse Sexualität nennt.

Natürlich war die Deutung von vornherein klar, nur der genaue Zusammenhang ließ auf sich warten. Aber in der Verspätung lag der Keim zu einigen besonderen Erfahrungen.

Der objektive Raster

Ich habe mich immer darüber gewundert, daß der größte Teil meines Wissens über Männer von Frauen stammt. Die Männer, die zu dessen Erweiterung beigetragen haben, kann ich an einer Hand abzählen. Und das ist insofern besonders bemerkenswert, weil Frauen, soweit ich weiß, nur neugierig sind, etwas über die sexuellen Verhaltensmuster ihrer Mitschwestern zu erfahren. Sie haben einander für alles.

Unter Männern herrscht eine Art bewaffneter Neutralität, die nicht zuläßt, daß man sich mit allzu offensichtlichen Schwächen bloßstellt. Oder die – umgekehrt – gerade darin besteht, *daß* man sich bloßstellt und sich darin übertrifft, daß jeder sein grenzenloses Chauvi-Verhalten bekennt. Man kann in weit höherem Maße von einem die Grenzen bewahrenden Schutz bei beiden Verhaltensmustern sprechen als von Neugier und Offenheit – selbst wenn in den letzten Jahren sich einiges verändert hat. Oder zu einer Veränderung führen kann.

Durch einen groben Filter gesehen betrachte ich uns Männer als eine Herde identitätsgeplagter einzelner auf der Jagd auf einem gefahrvollen Terrain, auf dem nur die kargen Kaktuspflanzen der Karriere und der Konkurrenz gedeihen. Um eine Illusion von Gemeinsamkeit zu schaffen, brauchen wir die Frauen. Durch sie versuchen wir, die brutale Landschaft zu lieben – und uns. Denn das Groteske ist ja gerade, daß *sie* uns mehr verbinden – abstrakt und konkret – als wir uns als Brüder aneinander binden. Die Frauen sind die Oasen, wo wir ausruhen und uns Anregungen für das schöne Leben holen, an dessen Existenz wir uns ja (besonders von der Kindheit her) gut erinnern können. Die Frauen sind das Wasser, das wir trinken und das Wasser, in das wir uns sinken lassen, um zu baden. Und währenddessen wartet das Pferd (als ob es um etwas Geheimes ginge) irgendwo hinter der Hecke. Ungeduldig, obwohl es das Ziel nicht kennt, stampfend mit den Vorderbeinen, obwohl es zum Umfallen müde ist, und ausgerüstet mit einem nach Leder duftenden abgewetzten Zaumzeug, das in alle anderen Jahrhunderte paßt, nur nicht in unseres.

Ein paar kleine Geschichten aus dem wirklichen Leben können die Situation des Mannes in unserer Epoche verdeutlichen.

Ich erinnere mich an einen meiner männlichen Bekannten, der seine sexuellen Aktivitäten immer mit den Worten begründete: «Ich muß das Zeug ja schließlich loswerden.» Wie man sein Wasser abschlägt und auf der Toilette sein Geschäft erledigt. Er war gefühlvoll und gescheit, aber es ist die typische scheinheilige Entschuldigung des Mannes: der Mann hat eine Flüssigkeit, die er von Zeit zu Zeit ausscheiden muß, während die Frau ihre Flüssigkeit nur ausscheidet, wenn sie erregt wird (vom Mann). Es geht darum, dem Penis die Führung zu überlassen und so um die Verantwortung und das Vergnügen herumzukommen. Es ist wie ein Alpdruck. Das Behalten des Samens. Man macht sich einfach zu einem physiologischen Phänomen, um eine moralische Sonderstellung einnehmen zu können. Genau diese Auffassung begründet das Recht der Männer, gegenüber den Frauen die sexuelle Initiative zu übernehmen.

Ein anderer Mann, den ich kenne, vor kurzem geschieden, kam plötzlich eines Tages mit einer Rechnung an: Er hatte eine Aufstellung gemacht, was ihn jeder einzelne Geschlechtsverkehr gekostet hatte, bezogen auf einen Durchschnitt von ein paar Jahren. Es war eine hohe Summe. Und es war objektiv berechnet. Seine Frau hatte zwischendurch einen Halbtagsjob gehabt, während er tagaus tagein geschuftet hatte. Aber hauptsächlich hatte sie sich um die Kinder gekümmert, weil er oft lange Zeit weg war. Das Objektive – das Körperfremde, das Nicht-Konkrete – um nicht zu sagen: die Nicht-Liebe – hatte ihn gepackt, und er hatte im Laufe einer Woche die Rechnung aufgestellt: jeder Geschlechtsverkehr hatte ihn 20mal soviel wie bei einer Nutte gekostet. Statistisch gesehen und über den Zeitraum von ein paar Jahren. Selbst wenn das Beispiel absurd ist, ist es auch bezeichnend: Wenn der symbolische Kontakt zwischen dem traditionellen Mann (der Männerrolle) und der traditionellen Frau(enrolle) zerbricht, ist das wie ein Krieg zwischen zwei fanatischen Nachbarstaaten: alle Mittel werden verwendet, und die Sanktionen werden objektiv begründet. Politik und Penis verschmelzen.

Über den gleichen «objektiven Raster» handelt die nächste Geschichte. Hier geht es um ein jüngeres Paar, das sich sowohl ideologisch wie in der Praxis weitgehende sexuelle Freiheit zugestand. Aber die Eifersucht kommt oft von hinten, wenn zwar nach außen alles in Ordnung ist, aber beide Teile ihre liebe Not haben, mit ihren Fangarmen zurechtzukommen – zumindest dann, wenn es einmal für einen von ihnen keinen anderen Arm gibt, um sich hineinzuwerfen. Interessant ist dabei nicht, daß die Eifersucht auftaucht – interessant ist die verschiedene Sprache von Frau und Mann. Bei ihr war es einfach ein Gefühlsausbruch der Verzweiflung oder Trauer oder Verlorenheit. Bei ihm war es eine genau geführte Aufstellung der größeren oder kleineren Fehler, die sie bei ihren Rendezvous beging: Welche Nacht sie eine halbe Stunde zu spät heimkam, an welchem Tag sie (vermutlich aus verliebter Zerstreutheit) vergessen hatte, abzuwaschen, obwohl sie an der Reihe gewesen wäre etc. Er führte ein richtiges kleines Büchlein mit Uhrzeit und Ursachen und Wirkungen, und das präsentierte er ihr an dem Tag, an dem er glaubte, daß *diese* Beziehung nun lange genug gedauert hätte. Da haben wir noch einmal den objektiven Cowboy mit dem Revolver im Gürtel.

Hinein in sich selbst

Es fragt sich, ob die Männerrolle überhaupt mit welcher Sexualität auch immer zu kommunizieren vermag. Ob der Mann sich immer in gewisser Weise «hinauslehnen» muß aus der Rolle, um seine erotischen Botschaften am Hintereingang zu überbringen. Vielleicht hat es auch traditionelle Gründe, daß der Mann eine zerrissene, gespaltene Sexualität lebt; das Einmalbumsen und die Wochenendliebe. Blitzschnell aus der Schale heraus, um ein bißchen vom Guten zu bekommen – und genauso schnell wieder hinein.

Man hat in den letzten Jahren mit anderen Rollen experimentiert. Die Ergebnisse waren zum Teil jämmerlich. Es gibt erstaunlich viele Häuser oder Wohnungen, wo zur Zeit starke, emanzipierte Frauen am Schreibtisch sitzen, während sich der Mann im Zimmer nebenan aufhält, mit leuchtend schlechtem Gewissen und mit vorgebundener Schürze. Eine Drehung um 180 Grad und die Stellung ist genauso festgelegt.

Es wundert mich überhaupt, daß der Mann sich verpflichtet gefühlt hat, die Rolle der Frau zu übernehmen, um seine Verklemmungen und seine mangelnde Hingabe zu lösen. Ich glaube, man sollte ein andere Richtung einschlagen. Nicht hinüber in den andern Part, sondern hinein in sich selbst. Weit hinein, bis zur Kindheit. Ich glaube, es ist die große, unbeschwerte, neugierige und umfassende kindliche Sexualität, die der Mann versuchen sollte wieder in sich aufzubauen. Die vielgestaltig-perverse Sexualität. Was nicht bedeutet, daß er infantil werden soll, aber daß er das Erotische als Erfüllung des ganzen Körpers und des Bewußtseins erleben soll. Und daß dieses Erlebnis des Lebens sich auch auf anderes beziehen kann als Beischlaf und Liebeswerbung: zum Beispiel auf Freundschaften, Gespräche, gemeinsames Essen, auf Kinder und alte Leute, auf Kunst und Natur, ja sogar auf Arbeit und Politik, die zwei Bereiche, die der Mann mit großem Fleiß zu seiner privaten, objektiven Domäne gemacht hat.

Bevor mir Kopf und Herz mit guten Ratschlägen überlaufen, will ich aufhören und einen männlichen Vorbehalt als Bremsklotz einsetzen: einige werden sagen, daß ich allzu positiv von den Frauen gesprochen habe. Ich habe vielmehr skeptisch von den Männern gesprochen und positiv über das Frauenbild der Männer. Daß die Frauen selbst eine Meinung darüber haben, dem bin ich an dieser Stelle ausgewichen. Aus objektiven Gründen. Ist das nicht ganz normal für einen Mann?

Morten Thing

Frauenbewegung und Männersexualität

Die Frauenbewegung hat die Männer, die linke Politik machten, an einem schwachen Punkt getroffen. Was die Frauen sagten, leuchtete mir ein. Natürlich konnte ein Revolutionär weder Rassist sein noch Frauen unterdrücken. Einerseits war da die Theorie, etwas anderes war es, diese Theorie in die Praxis umzusetzen. Hausarbeit, Kinderpflege und Sexualität waren die drei Fronten, an denen der Kampf eröffnet wurde. Für uns, die wir in Wohngemeinschaften wohnten, war das mit der Hausarbeit keine große Überwindung – obwohl es nicht immer ohne saure Miene zum bösen Spiel abging – aber jedenfalls hatte die WG-Ideologie von vornherein die Sache mit der Aufteilung von Hausarbeit auf dem Programm. Schwerer war das mit dem Kinderhüten und der Sexualität. Es ergab sich ein enger Zusammenhang zwischen beidem. Das Kinderhüten erwies sich als Zeitbombe für die traditionellen und vorgegebenen männlichen Tugenden. Der Kampf um die Sexualität erwies sich als viel schwerer, als ihn sich die Beteiligten vorgestellt hatten. Man kann ohne Übertreibung sagen, daß da eine Umwälzung im Gang ist, die nicht in unserer Generation vollendet werden wird.

Ich saß während der ersten Frauenferienlager auf Femø im Knast und verbüßte eine zwanzigtägige Haft, weil ich einen Artikel über die Machenschaften des dänischen Geheimdienstes geschrieben hatte. Das war im Sommer 1971. Meine Freundin saß auf Femø, und ich zusammen mit 40 Männern oben in Nordjütland. Geschlechtlich gesehen war es sehr weit von Südseeland bis Nordjütland. Mehrere Lichtjahre. Der Unterschied zwischen der euphorischen Stimmung in den Briefen meiner Freundin und den Gesprächsthemen unter den 40

Männern, mit denen ich zusammensaß, war mehr als nur Wein und Gesang. Ich hatte ein Bedürfnis nach Trost und Verständnis – sie wollte die explosiven Einsichten loswerden, die ihr bisheriges Denken unter Druck setzten.

Ich war eifersüchtig auf ihre Umgebung, die so sehr ihr Bewußtsein aufsaugen konnte, unabhängig von mir. Und ich fühlte mich unwiderruflich außerhalb. Später habe ich ein Exemplar der Lagerzeitung gesehen, wo eine mir bekannte Frau über ihr Problem schrieb, das sie mit ihrem «Mann» hatte (Anführungszeichen von ihr). Er hatte nämlich gerade, als sie auf Femø war, plötzlich ein fürchterliches Verlangen nach ihr. Ihn kannte ich auch und dachte mir: «Puh, gut, daß nicht ich es bin, der auf diese Weise bloßgestellt wird.»

Eine meiner weiblichen Bekannten machte einmal ihrem Freund weis, daß auf dem Frauenfestival im Fælledpark ein Zelt nur für Frauen wäre. Und dort gäbe es ein Buch, in das alle Frauen ihre Erfahrungen mit Männern schrieben. Man könnte dann jeweils den nachschlagen, an dem man interessiert wäre und würde alle Geheimnisse erfahren. Obwohl das ein Scherz war, zeigt er recht gut, wie mir am Anfang in bezug auf die Frauenbewegung zumute war. Eine ziemlich von Angst geprägte Solidarität.

An der Universität passierte es mir einmal, daß ich in einer Arbeitsgruppe nur mit Emanzen saß. Ich sagte nichts – bloß nichts falsch machen! Einmal kam einer der Lehrer in den Raum, in dem wir saßen. Er war für sie ein typischer Repräsentant des akademischen Chauvi. Jedesmal, wenn er den Mund aufmachte, haben sie so laut gelacht, daß niemand ihn verstehen konnte.

Das war in der offensiven Phase, wo die Frauen sich ganz sicher waren, alles zu können, was sie wollten.

Das schlechte Gewissen

In meinen Träumen erschienen Kastrationsängste, und ich hatte generell ein Gefühl von Unfähigkeit. Daran war nicht die Frauenbewegung schuld. Genauer gesagt hat das zu einem äußerst gut vorbereiteten Zeitpunkt begonnen. Irgendwie waren es nämlich Inge und Sten Hegeler, die damit anfingen, wenn auch auf andere Weise. In den 60er Jahren haben wir ihr «Abz der Liebe» gelesen. In dem wird eine deutliche Kritik an der männlichen Sexualität ausgesprochen. Sie bestanden auf dem Recht der Frauen auf Orgasmus. Und gleichzeitig waren sie von einem phantastischen Optimismus beseelt: «Das ist wirklich möglich, ihr könnt darauf kommen, wenn ihr nur wollt.»

Mir selbst erschien es schon ein bißchen stark und verletzend, als meine Freundin eines Tages in den 60er Jahren zu mir sagte: «Du denkst auch nur an dich.» Wenn es verletzend war, dann deshalb, weil ich genau wußte, daß sie recht hatte. Ich spürte genau, daß sie am meisten vom Vögeln hatte, wenn sie sich frei bewegen konnte. Aber wenn sie sich, während wir vögelten, frei bewegte, bestimmte sie den Rhythmus und das war nicht so richtig vereinbar mit meinen Vorstellungen von einem Mann. Es ist mir aufgegangen, daß, wenn John Wayne und die andern Jungs mit ihren Colts herumfuchtelten und sich sehr männlich fühlten, es vielleicht um etwas anderes, coltähnliches ging, an das sie dachten. Im Vögeln lag eine besondere Bestätigung des Mannseins.

Das schlechte Gewissen war vor der Frauenbewegung da. Und nicht nur das schlechte Gewissen. Es entwickelte sich auch die Einsicht, daß Frauen einen Anspruch auf Orgasmus und auf eine dementsprechend veränderte Technik des Vögelns hatten. Mit «veränderter Vögeltechnik» meine ich, daß die Reizung der Klitoris in den Mittelpunkt rückte. Es kam soweit, daß sich der weibliche Orgasmusanspruch mit der männlichen Vorstellungswelt vereinbaren ließ. Konnte man auch den weiblichen Orgasmus hinkriegen, dann war das bloß eine zusätzliche Bestätigung.

Schwanzfixierung und Mösenangst

Die Frauenbewegung formulierte eine Kritik der männlichen Sexualität, der patriarchalischen Sexualität. Der Hauptvorwurf bestand darin, daß Männer Lust nur mit dem Penis fühlten. Umgekehrt waren die Frauen fähig, Lust mit dem ganzen Körper zu fühlen. Das paßte gut zur anderen Kritik an den Männern, keine Gefühle zeigen zu können. Männer waren eben ziemlich begrenzte Wesen.

Vielleicht traf die Kritik nicht im einzelnen zu, aber sie weckte zweifellos Betroffenheit. Das führte zu dem Versuch, die Kritik als unberechtigt abzutun. Oder ihre Richtigkeit zuzugeben ohne etwas zu tun. Denn was konnte man schon tun?

Eines der Probleme bestand darin, daß auch die Kritik oberflächlich war und auf einer mangelhaften Sexualtheorie beruhte. Erst mit Juliet Mitchell erhielt die Frauenbewegung den Impuls, der die Diskussion über die weibliche Sexualität in Gang setzte, über Freud und die verborgenen Zusammenhänge, die der Kritik zugrunde lagen.

Wie auf scheinbar wissenschaftlicher Grundlage eine Kritik der männlichen Sexualität und Sexualpraxis durch die Frauenbewegung aufgebaut wurde, zeigt der *Hite-Report*. Hite stellte fest, daß die Mehrzahl der von ihr befragten Frauen von einem Geschlechtsverkehr mit ausschließlicher Klitoris-Stimulierung am meisten haben. Auf diese «Tatsache» stützt sie dann die Theorie, daß Geschlechtsverkehr mit dem Schwanz in der Möse von den Männern erfunden wurde und den Lustgefühlen der Frauen überhaupt nicht gerecht wird.

Und das ist das Ende der Geschichte.

Für sie liegt die sexuelle Unterdrückung der Frauen darin, daß die Männer den Frauen eine Form des Geschlechtsverkehrs aufzwingen, die sie nicht stimuliert. Sie kann keine anderen als empirische Fragen stellen, sie kann nicht die Frage stellen, ob die Frauen Angst vor den Männern haben, ob ihre ausschließlich klitorale Stimulationsmöglichkeit Ausdruck einer besonderen Form der Unterdrückung ist. Sie hat keine Theorie über die Funktion der Sexualität und deren Zusammenhang mit Erziehung und Charakterentwicklung und kann deshalb ihre Antworten auch nicht so interpretieren, daß sie unter die empirische Oberfläche gehen und dahin führen, ein Fragezeichen hinter unsere Lebensform selbst zu setzen. Ihr Fragezeichen hört bei den Männern auf.

Dasselbe galt am Anfang für die Frauenbewegung. Ihre Kritik war natürlich gegen die Männer gerichtet. Aber bei dieser Kritik haben sie übersehen, daß die Frauen ja in *demselben* sexuellen Universum wie die Männer geformt, erzogen und verdorben worden waren. Sie haben übersehen, daß sich die Sexualität beim Kind in einem Spannungsfeld zwischen Vater und Mutter entwickelt, zwischen beiden Geschlechtern. Ein Junge findet viel von seiner Identität, indem er sich mit seinem Vater identifiziert. Aber sie wird andererseits auch von der Mutter geformt. Und dadurch wird in hohem Maße der Typ Männlichkeit bestimmt, von dem sich die Mutter angezogen und akzeptiert fühlt.

Die Kritik hat auf diese Weise übersehen, daß Sexualität mit einer *gegenseitigen Beziehung* zu tun hat, daß es da auch eine andere Seite gab – die Frauen selbst. Eine Änderung der männlichen Sexualität in Form einer Anpassung an die überlegene weibliche war das ursprüngliche Konzept. Aber spätere und mehr nüchterne Betrachtungen berücksichtigten, daß die Beschädigungen der Sexualität kein speziell männliches Phänomen waren. Die Probleme, die viele Frauen in bezug auf ihre Orgasmen äußerten, konnten nicht nur der mangelnden Einfühlsamkeit und der Penisfixierung der Männer angelastet werden. Man könnte vielleicht eher sagen, daß die Kehrseite der Penisfixierung eine genitale Angst bei vielen Frauen war, eine Mösenangst oder eine Lustangst.

Liebe: Egoismus und Verantwortung

Ich bekam ungefähr gleichzeitig mit dem Beginn der Frauenbewegung ein Kind. Von Anfang an war ich darauf eingestellt, daß das eine gemeinsame Angelegenheit sein sollte. Aber die Welt der Prinzipien ist nicht die tatsächliche Welt. Jedenfalls zeigte es sich, daß sie in der wirklichen Welt nicht so leicht durchführbar waren. Ich sollte gerade meine Diplomarbeit fertigschreiben. Das war vordringliche politische Arbeit usw. Bis ich eines Tages eine kurze und lakonische Mitteilung auf meinem Schreibtisch fand, die mir mitteilte, daß meine Freundin anfing durchzudrehen – wegen des Kinderhütens – und wenn es auch mein Kind wäre: dann jetzt! Von liebem Gruß stand nichts in dem Brief.

Diese Drohung erhielt große Bedeutung. Nicht, weil ich die politische Reichweite der Kinderbetreuung einsah, sondern weil ich Angst hatte, meine Freundin zu verlieren. Die Folge war, daß ich gezwungen wurde, mein Kind wie eine Mutter zu mir zu nehmen und daß so auf unübersehbare Weise in mein Leben eingegriffen wurde. Ich kann sagen, daß dieser Vorgang die größte Wirkung gewesen war, die Frauenbewußtsein konkret in meinem Leben hinterlassen hat.

Erstens greift das Dasein eines Kindes in das eigene Zeiterleben ein. Die ersten Jahre im Leben eines Kindes folgen einem ganz anderen Zeitbegriff als dem der Gesellschaft. Und das Kind fordert so viel von der eigenen Zeit, daß das, was übrigbleibt, kaum der Rede wert ist. Man wird gezwungen, seine Aktivitäten einzuschränken. Das empfinden viele, wenn sie mit einem Kind allein sind, als fürchterliche Belastung. Aber ich, der ich die Zeit mit der Mutter teilte, habe es über die Belastung hinaus als eine Mahnung empfunden, daß ich nämlich «vergessen» hatte, mich in etwas vertiefen zu können. Daß ich mehr an

Ergebnisse dachte als an Entwicklungen. Man kann auch sagen, daß für kleine Kinder die Lust nicht sonderlich auf ein Ergebnis gerichtet ist. Aber ich erlebte plötzlich meine eigene Lust so, daß nur das Resultat die Lust rechtfertigte. Oder im Extremfall: die Lust bestand voll und ganz im Vorschuß auf das Resultat. Ich merkte – bezogen auf das Schreiben –, daß mit einem fertigen Artikel mehr Lust verbunden war als mit dem Prozeß des Schreibens selbst. Ja oft war das Schreiben unmöglich ohne den Gedanken an das fertige Produkt.

Zweitens gibt das Dasein eines Kindes eine ganz andere Dimension in der Liebe. Ein kleines Kind ist total abhängig und seine Liebe ist absolut. Aber keineswegs selbstaufgebend. Sie ist tief egoistisch. Die Forderungen, die gestellt werden, müssen auf die eine oder andere Weise eingelöst werden. Man kann sich nicht aus der Beziehung stehlen und sagen: «Nee du, wir passen nicht zusammen.» Die Probleme *müssen* gelöst werden. Auf diese Weise ergab sich für mich die Utopie einer Liebe, in der beide Teile, Kind *und* Erwachsener, in derselben Beziehung sein konnten. Wo man sich gemeinsam in Egoismus und Lust, Abhängigkeit und Verantwortung entwickeln konnte.

Drittens bedeutet es eine Menge Überlegungen, ein kleines Kind zu haben. Über Windelwaschen und die Art des Stuhlgangs hinaus wird schnell klar, daß das Kind von meinen eigenen starken und schwachen Seiten geformt wird. Es wird ein lebendiger Spiegel meines Charakters. Aber noch wichtiger: Man beginnt darüber nachzudenken, wie man selbst zu dem wurde, was man ist. Der Gedanke an irreparable Schäden, die man davongetragen hat, läßt einem kalte Schauer über den Rücken laufen; aber ab und zu richtet einen die Freude auf, wenn es geglückt ist, einige der eigenen Grenzen zu überschreiten. Man erlebt, wie sich zwischen den Händen das sexuelle Leben des Kindes entwikkelt. Man erkennt eine Möglichkeit und denkt: «Er soll schließlich nicht mit den gleichen Problemen leben wie ich. Er soll ein freierer Mensch werden.»

Orgasmusdiskussion

Zurück zum Bett! Die Krisen haben sich besonders dort gezeigt. Zu Hause bei meinen Eltern hatte ich die sexuelle Aufklärung aus einem Werk, das auf Reich basierte. Deshalb wußte ich, daß Reich davon ausging, daß Männer in vielen Fällen orgastisch impotent waren, d. h.

sie kamen durchaus zum Erguß, aber ohne eigentliche Lust. Aber ich hatte das nie richtig mit mir selbst in Verbindung gebracht. Doch in bestimmten Situationen wurde die Kenntnis zur Wirklichkeit. Ich habe ganz einfach meine sexuellen Erlebnisse miteinander verglichen und herausgefunden, daß sie sehr unterschiedlich waren. Besonders ein Erlebnis in einer sehr frustrierenden Beziehung hat mich dazu veranlaßt. Wenn ich kam, hatte ich das Gefühl, als würde sich der Orgasmus durch ein winzigkleines Löchlein im Körper seinen Weg bahnen. Und danach hatte ich das Gefühl, daß ich genausogut hätte heulen können.

Mir wurde auch klar, daß Männer und Frauen ein sehr unterschiedliches Verhältnis zum Vögeln haben. Manchmal konnte ich, wenn ich etwas niedergeschlagen war, durchs Ficken sozusagen geöffnet werden. Aber bei den Frauen, die ich kennenlernte, habe ich meist das Gegenteil erlebt. Wenn Offenheit nicht von vornherein da war, war es ausgeschlossen, daß sie etwas davon hatten.

Nur manchmal ist es zu einer tieferen Befreiung gekommen, wobei uns der Orgasmus beide ergreifen konnte und sich im ganzen Körper mit dem intensiven Gefühl, ganz weg zu sein, ausbreitete.

Bei diesen vergleichenden Orgasmusstudien bin ich zu dem nicht besonders überraschenden Ergebnis gelangt, daß das Orgasmuserlebnis verschiedene Niveaus hatte mit der deutlichen Tendenz, sich in der Mitte der Verteilungskurve einzupendeln.

Die Orgasmusdiskussion der Tageszeitung *Information* im Winter 1980/81 hat gezeigt, daß es schwierig ist, sexuelle Erlebnisse öffentlich zu diskutieren. Das Bestehen auf tolle «Erlebnisse» wird von erstaunlich vielen als Prahlerei und Angeberei aufgefaßt. Die Schwulen könnens mit der Prostata, manche können die trompetenden Engel zum Einsturz der Mauern von Jericho veranlassen und die Orgel der Frauenkirche dazu, die Passion einzustimmen. Aber wo bleibt der Haushalt des gewöhnlichen Menschen?

Man kann diese Diskussion und dieses Buch als erste Anfängerübung betrachten, deren Ziel darin besteht, einem unglaublich wortarmen Gebiet das Wort zu erteilen. Viele andere subjektive Erlebnisse sind mit einem phantastischen Nuancenreichtum literarisch behandelt worden. Aber man braucht bloß anzusehen, welche Schwierigkeiten die Dichter haben, aus einem Geschlechtsverkehr rein verbal etwas zu machen. Die Unsicherheit bei einer Diskussion über die Qualität der Orgasmen verrät vielleicht ein ungutes Gefühl darüber, wie schwer es ist, die Dinge zu verändern und die schlechten Bedingungen, die dem Sexualleben in unserer Gesellschaft geboten werden. Und dieses ungute Gefühl hat ja einen rationalen Kern: Das Wissen über Physiologie und die Muskeln ist wichtig, sexuelle Aufklärung ist wichtig; aber wer kennt die optimalen Bedingungen, die Vögelei schöner zu machen? In einer Gesellschaft, wo das Zeitgefühl konsequent zerstört und ökonomisch verwendet wird, wo der Druck auf den einzelnen die Sinnlichkeit zerstört, wie soll es da ordentliche Bedingungen fürs Ficken geben?

Aber hinter dieser gesellschaftlichen Problematik liegt das Problem, daß die Sexualität beim Einzelindividuum durch die Erziehung geformt und gebildet und integrierter Bestandteil des Charakters ist. Daß die Lustblockierungen mit Problemen verknüpft sind, die man selbst nicht ohne weiteres lösen kann.

Wilhelm Reich nannte seine Psychoanalyse gerade deshalb Orgasmustherapie, weil die Befreiung von den charakterbedingten Blokkierungen den Leuten ihre Fähigkeit zum Orgasmus zurückgeben konnte. Ich glaube, daß die Unlust, die viele bei der Diskussion über Orgasmen haben, auf das unbewußte Gefühl hinweist, bei ihren Problemen immer wieder aufs neue an die gleichen Barrieren zu stoßen.

Man muß die Dinge sachlich sehen und verstehen, daß es Grenzen gibt, wieviel wir verändern können, ohne die Gesellschaft von Grund auf umzuwälzen.

Eine sexuelle Gastronomie

Ich habe über diese Dinge im Laufe der Zeit mit vielen Frauen und auch einigen Männern gesprochen. Wenn es schwieriger ist, mit Männern darüber zu reden, so hängt das mit einer gewissen Angst zusammen, etwas preiszugeben. Diese Rammelei, die beherrscht ein Mann schließlich! Aber manchmal hatte ich Glück und ich war betroffen, wie groß das Elend unter den Männern war. Einige haben nie darüber nachgedacht, wie unterschiedlich ihre sexuellen Erlebnisse waren. Die meisten ließen sich mit wenigem zufriedenstellen. Meinten, daß man den großen Fick nur zusammen mit Neuen erleben könnte. Daß da auf die eine oder andere Weise Spannung rein müßte, die jedenfalls, wenn man sich einige Zeit kennt, verschwindet.

Aber eine Faszination nur bei Neuen ist dasselbe, wie sich mit Verliebtsein und Betörtsein begnügen. Ich glaube, die Liebe fängt jenseits des Verliebtseins an.

Erst, wenn jeder die Grenzen des andern kennengelernt hat, kommen die eigentlichen Grenzüberschreitungen. Erst dann beginnt die Sexualität als Kommunikation. Aber mit der Sicherheit kommen auch die sexuelle Gewohnheit und die Trägheit.

Man braucht gute Bedingungen, um einen Fick gut hinzukriegen. Aber oft nehmen wir das nicht ernst genug. Mir geht es selbst so, daß ich ziemlich sauer werde, wenn ich merke, daß es eine Zeitlang schlecht geht. Aber bin mir gleichzeitig klar darüber, daß es lasch und schlampig organisiert ist.

Versuch dir zum Beispiel mal auszudenken, wie man einen ordentlichen Mittagstisch herrichten kann. Kann man nicht einen Fick auf die gleiche Weise zusammenstellen? An Phantasie fehlt es ja nicht. Das wissen wir von unseren sexuellen Phantasien. Die sexuelle Phantasie ist ja gut entwickelt. Warum kann man nicht eine sexuelle Gastronomie entwickeln?

Ich denke da nicht in erster Linie daran, seine Phantasien zu inszenieren, so tun, als würde man sich nicht kennen, Fensterputzer spielen, eine Vergewaltigung inszenieren usw. Das ist sicher auch brauchbar, aber es ist nicht sicher, ob dieselbe Faszination, die im Seelenkino vorhanden ist, in die Wirklichkeit übertragbar ist. Ich denke eher daran, daß es möglich sein müßte, seine Lustgefühle bewußter zu gebrauchen, wie man z. B. ein Mittagessen zusammenstellt. Absprechen, daß es das eine Mal hauptsächlich darum geht, gegenseitig den Körper zu erfahren und zu entdecken, ein andermal geht es um den Mund als Lustorgan, einmal um die Erforschung der analen Lust, Massage bestimmter erogener Zonen usw. Die Vorstellung einer normalen Lust führt oft dazu, daß das Geschlechtsleben zum immer gleichen Ablauf versteinert. Ich meine, es geht darum, herauszufinden, was überhaupt die eigene Lust stimuliert, konsequent diese Lust zu ergründen und ihre Grenzen auszumachen.

Man kann natürlich nicht Probleme weginszenieren. Aber die Entwicklung einer Intensität, wie sie in einer vertrauten Beziehung liegt, kommt nicht von der Wiederholung, sondern von der Entdeckung der eigenen Grenzen und möglichen Überschreitungen. Darin liegt die Spannung, hier ist die Möglichkeit für Egoismus und Verantwortung, der Zusammenhang von Lust und Abhängigkeit.

Wir können nicht alle eine Analyse machen. Einen Teil der Verklemmungen kann man selbst aufbrechen, indem man bis an seine Grenzen geht. Aber das erfordert nicht einen ständigen Wechsel der Partner, sondern Liebe und Gegenseitigkeit.

Schuldgefühl als Sackgasse

Viele Männer, die ich gekannt habe, haben auf das neue Bewußtsein der Frau mit Schuldgefühlen reagiert. Sie haben sozusagen die jahrtausendlange Unterdrückung der Frau auf ihre Schultern geladen. Das ist zuviel. Ich würde vorschlagen, sich damit zu begnügen, die Verantwortung für seine eigene Handlungsweise zu übernehmen. Ohne eine solche Verantwortung kommt es leicht zu einer Lähmung der eigenen Initiative.

Ohne ein klares und verantwortungsvolles männliches Selbstverständnis wird es unmöglich, seinen Kindern ein vernünftiges Selbstbewußtsein zu vermitteln. Und das gilt unabhängig davon, ob es Jungen oder Mädchen sind.

Schuldbewußtsein ist keine Identität sondern Mangel an Identität. Selbstwert vermitteln wir unseren Kindern nur in einem gegenseitigen Erziehungsprozeß. Unser Streit um die Männerrolle liegt ihnen bis nach der Pubertät unendlich fern. Mein Sohn (9 Jahre) steht dem ganz verständnislos gegenüber, wenn er sieht, wie im Film oder Theater die Männerrolle angeprangert wird. Warum lachen sie über die Männer? fragt er dann. Und es ist unglaublich schwer, ihm das zu erklären. Aber gleichzeitig teilt er die Jungen seiner Klasse in zwei Gruppen ein: die, die zugeben können, Angst zu haben und die, die das nicht können. Der Streit ist ihm einerseits unendlich fern, andererseits ist er selbst schon Teil davon.

Gleichzeitig hat mir das Leben mit ihm für wichtige Lustgefühle die Augen geöffnet: sich im Spiel vergessen, zeitlos; rücksichtslose Lust und die Bedeutung ungehemmter Körpernähe. Er bedeutet die wichtigste Sprengkraft für meine Identität als Mann und ist gleichzeitig meine Hoffnung für die Zukunft.

Am wichtigsten war es vielleicht, seinen unglaublichen Lustegoismus zu erleben, als er klein war. Den habe ich oft in meinen Beziehungen in Anspruch genommen. Wenn mein Schuldbewußtsein am größten war, war auch meine Rücksicht dem Partner gegenüber am größten. Ich habe Perioden erlebt, in denen mein Geschlechtsleben fast nicht mehr lief, weil ich aus Rücksicht auf den Partner meine Lustimpulse unterdrückt habe. Ich war total darauf fixiert, daß sie etwas davon hatte, stellte mich so schlecht und recht für ihre Lust zur Verfügung. Als Übergangslösung wäre das vielleicht auch gar nicht so dumm gewesen, wenn es anspornend gewirkt hätte. Hat es aber nicht! Sie hatte nicht mehr davon, wenn ich mich unterdrückte.

Selbstunterdrückung ist für das gemeinsame Geschlechtsleben unverantwortlich. Es dreht sich ja nicht nur darum, daß die Geliebte einen Orgasmus bekommt. Das ist eine gemeinsame Angelegenheit, eine *Beziehung*. Die Lust des andern ist ein Spiegel seiner selbst und umgekehrt. Das Problem, daß die Frau Objekt für die Lust des Mannes ist, wird nicht dadurch gelöst, daß man versucht, den Spieß umzudrehen. Nur wenn wir beide zu Subjekten unserer Lust und zu Objekten füreinander werden, entsteht eine ansteigende Lustdialektik, die orgastisch ist.

Für einen lustvollen Sozialismus

Ich glaube, man kann die Bedeutung, die es für mich gehabt hat, ein Kind zu haben, in dem Satz zusammenfassen: Er hat meine Empfindsamkeit erhöht. Das ist ein Hinweis darauf, daß Veränderungen in der Sexualität Teil einer weit umfangreicheren gesellschaftlichen Veränderung sind, soweit es erlaubt ist, meine Lebenserfahrung zu generalisieren. Daß das Geschlechtsleben nämlich nur ein Teil der Sinnlichkeit ist, und daß Veränderungen der Sinnlichkeit mit umfassenden Veränderungen im Verhältnis zwischen Männern und Frauen, Erwachsenen und Kindern zu tun haben. Und diese Veränderung der Sinnlichkeit weist teils hinein in das Liebesleben und teils hinaus in die Gesellschaft: das Erlebnis der Unterdrückung wird verschärft. Und damit verweist die Problematik für den einzelnen und für das einzelne Paar auf die Gesellschaft, die in verstärktem Maße die Sinnlichkeit zerstört. Stichwortartig will ich hier nur nennen: Die überhandnehmende Zeitmessung in der Arbeitswelt, die Entleerung der Arbeit von stofflichen Inhalten, die Monotonie des Fließbandes und deren Übergreifen auf den körperlichen Rhythmus, die Vereinsamung der Büroarbeit durch elektrische Geräte, die Rationalisierung aller Arbeitsformen, die Gefährlichkeit des täglichen Lebens (z. B. Straßenverkehr), Auflösung der Familie und Verlust der gefühlsmäßigen Befriedigung, die Veränderung der Freizeit hin zu einem Markt für Freizeitkonsum. (Nicht nur aus Platzgründen ist dieser Abschnitt stichwortartig. Auch deshalb, weil Anette Steen Pedersen und ich im Nachwort zu unserm Buch *Vater Mutter Kind* (*politisk revy*) dieses Problem ausführlicher behandelt haben. Interessenten werden darauf verwiesen.)

Das gesellschaftliche Leben baut, kurz gesagt, Grenzen auf, wieviel diese Sinnlichkeit kann und darf. Sie wird in zunehmendem Maße darauf verwiesen, sich nur als Geschlechtsleben zu entfalten, was teils das Geschlechtsleben überfordert und es teils isoliert als eine Enklave der Freiheit im Gegensatz zum übrigen Leben. Wir kommen deshalb zu dem notwendigen Schluß, daß wir, wenn wir ein vernünftiges Geschlechtsleben erreichen wollen, eine vernünftige Gesellschaft haben müssen. Im Interesse des Geschlechtslebens müssen wir diese Gesellschaft bekämpfen, im Interesse von Lust und Sinnlichkeit, im Interesse des Menschen müssen wir für den Sozialismus kämpfen. Für einen lustvollen Sozialismus!

Søren Vinterberg

Die «neuen Männer» und die alte Sehnsucht

Der Schüler kam zu seinem Lehrmeister und sagte:

«Meister! Ich suche das Unsagbare, ich suche den Sinn des Lebens, Einheit, Entstehen und Vergehen in einem.»

«Gut», antwortete der Meister, «findest du es, so brauchst du nicht nach anderem zu suchen.»

Es vergingen viele Jahre, ohne daß der Meister seinen Schüler jemals sah. Der Meister war jetzt müde geworden, mit gelichtetem Haar und zerbrechlicher Figur, aber immer noch war sein Blick wie Stahl und Seide in einem. Der Schüler war zäh und scharf wie eine Klinge geworden, hart und unbestechlich im Blick und ungebeugt trotz der vielen Spannungen in den Nackenmuskeln.

«Meister! Nun habe ich das Unsagbare gesucht. Ich habe meine Eitelkeit abgelegt und die Grenzen meiner Sinne überschritten – überall und mit unermüdlicher Energie. Nur der eine Wunsch hat mich angetrieben und kein Hindernis habe ich gescheut. Der Himmel und die Erde, die Wissenschaft und die Religion und die Kunst, die Armen und die Reichen rufe ich als Zeugen, daß meine Person nur von dem einen erfüllt war: Dem Willen, das Ziel zu erreichen. Aber Meister. Ich finde nicht, was ich suche. Ist es nicht zu finden?»

«Du hast selbst geantwortet», sagte der Meister.

«Dann findet sich die Antwort in mir selbst?»

«Ja. Solange dein Suchen vom Willen gesteuert ist, findest du nichts. Der Wille ist das Schwert der Eitelkeit, er macht die Sinne taub und blind. Erst wenn du aufhörst zu suchen, wirst du vielleicht von dem gefunden, das nach dir sucht. Du bist immer noch erst am Anfang.»

Das ist so etwas wie erbauliche Geschichte. Vielleicht handelt sie gar nicht von des Meisters Schüler, sondern von einem, der auszog, das

Fürchten zu lernen – oder vom schlaflosen Fürsten, dem kein Wein schmeckte und dem keine Frau gut genug war.

Vielleicht handelt sie von der dünnflüssigen Dichte, dem transzendenten Dasein außerhalb des eigenen Standpunktes, vom Aufbegehren des Augenblicks gegen die Zeit und vom Aufbegehren des einzelnen gegen das Allgemeine, dem Überschreiten der Sozialität. Vielleicht vom Orgasmus.

Wenn das der Fall ist – und wenn Orgasmus also «den Willen zum Nicht-Wollen» voraussetzt, wenn er nur aus sich selbst kommen kann und nicht nur gelegentlich verfolgt, gefangen, festgehalten und vorgeführt wird – dann könnte dasselbe vielleicht für den Rest des Kapitels, ja für das ganze Buch zutreffen?

In der überlieferten Weisheit der alten Meister und in der beständig erneuerten Ungeduld der jungen Techniker deutet vieles darauf hin, daß es sich so verhält.

Der Wille zur Ohnmacht

«Genaugenommen sind wir die einzige Zivilisation, die Leute anstellt und dafür bezahlt, daß sie jedem, der vertraulich über Sex reden will, zuhören: Selbst wenn die Lust, darüber zu reden, und der Nutzen davon bei weitem die Fähigkeiten des Zuhörers übersteigen, haben einige immer noch ihre Ohren ausgeliehen.» *

Mit anderen Worten ist die *Versprachlichung* der Sexualität nicht ohne weiteres gleichbedeutend mit der Freisetzung derselben. Ganz im Gegenteil, meint Foucault: «Macht und Lust heben sich nicht auf, sie sind mit Hilfe von komplexen und positiven Erregungs- und Anregungsmechanismen zusammengekettet», und das geschieht gerade «durch die Isolierung, Intensivierung und Konsolidierung von peripheren Sexualformen». Je mehr wir in unserer individuellen Sexualität herumwühlen und je mehr wir sie offenlegen, desto mehr setzen wir uns auch der Machtausübung durch sie aus.

All das Gerede über Orgasmus gehört in diesen Zusammenhang. Man plädiert natürlich gleichzeitig auf Freisetzung der Sexualität, ge-

* Michel Foucault: «Seksualitetens historie I (Die Geschichte der Sexualität) – Viljen til Viden (Der Wille zu wissen)» Rhodos Kbh. 1978, S. 15.

sehen aus dem Blickwinkel des einzelnen. Das eine schließt leider das andere nicht aus, denn das wäre ja zu einfach.

Die Isolierung oder Verselbständigung der Sexualität und der Teilstrategien einer Freisetzung gerade an diesem einen Punkt können mit andern Worten die Freisetzung verschieben oder verhindern. Die Macht konsolidiert sich und entfernt uns vom «Ziel», hin zu einem subtileren Niveau als vorher.

Einfacher gesagt: Wenn wir den Willen zum Wissen vom Orgasmus haben, heißt das auch, daß wir den Willen zur Macht über ihn haben. Aber wie der Meister gesagt hat, setzt das möglicherweise voraus, daß wir ihm dafür die Macht über uns geben. Worauf eine andere Art von Wissen entsteht.

Der Wille zur Macht und die Angst vor Ohnmacht sind Züge sowohl bei «dem neuen» und «dem alten» Mann und bezeichnend gerade als eines der Hindernisse für den Orgasmus: «die Angst davor, herauszubekommen, wo man keinen Halt finden kann».

In den Romanen für Männer finden wir andauernd dieses Thema:

Die instrumentalisierte Sexualität

«Der Lendenschurz glitt nach oben. Er konnte die Wärme ihres Körpers spüren. Sie bemächtigte sich seiner und machte ihn schwach.

Bring sie um, bevor sie dich umbringt!

Sie zog seinen Kopf gewaltsam nach unten, begrub sein Gesicht zwischen ihren Brüsten, während sich ihre Nägel in seinen Rücken zu bohren schienen. Er japste vor Schmerz.

– Nimm mich ... hart ... nimm mich richtig!

Er reagierte hilflos auf ihre Forderung. Er lag auf ihr, umschlungen von ihren Armen und Beinen. Ihre gewaltsamen Bewegungen durchfluteten ihn mit Wärme.

*Im Nebel des Ergusses hob er den Kopf mit einem Ruck, versetzte ihr einen harten Faustschlag unter ihr Kinn und merkte, wie sie plötzlich ruhig wurde. Er blieb keuchend auf ihr liegen und merkte, wie ihr Herz gegen seines schlug, aber langsamer, weil sie betäubt war.»**

* Lois Masterson alias Kjell Albing: «Gengangeren» (Gespenster), Morgan Kane Nr. 47, Winthers Verlag, Kbh. 1977, S. 86f.

Ob es physiologisch möglich ist, den Erguß bei einem Kinnhaken zu bekommen, will ich der Entscheidung zwischen den Sexologen und dem Kriminalautor Lois Masterson überlassen.

Aber man kann kaum bestreiten, daß es ein handfestes literarisches Beispiel für die «Zusammenkettung von Macht und Lust» ist, gekoppelt mit der dritten archetypischen Komponente im Bild: der Todesdrohung. In «der neuen Männerliteratur» gibt es mehrere Beispiele einer Variante: Wenn das Zusammensein mit der geliebten Frau nicht länger möglich ist, greift der verzweifelte Mann zur Schußwaffe oder nimmt die bloßen Fäuste. In einer Art Notwehr.

Morgan Kane setzt sozusagen eine allgemeine Strategie an den Anfang dieses Abschnitts: Er *instrumentalisiert* den Erguß als solchen, macht ihn zum Werkzeug für seine Strategie des Überlebens.

«Der neue Mann» schlägt nicht. Jedenfalls nicht, während er «kommt». Aber das hindert ihn nicht daran, daß auch er mit Selbsterhaltung vor Augen den Erguß instrumentalisiert, nur auf raffiniertere Weise.

Er kann mit seinem Erguß zufrieden sein, weil ihm so erspart wird, sein Gesicht zu verlieren. Er kann ihn zurückhalten, um nicht als schlechter, zu schneller Liebhaber durchzufallen. Er kann ihn durch simulierte körperliche Gewalt verstärken, um den Eindruck unbezähmbarer Leidenschaft zu vermitteln. Was weiß ich?

Die verselbständigte Sexualität

Letztgenanntes beinhaltet nebenbei bemerkt eine zentrale Frage: Die meisten Frauen in meinem Alter wissen statistisch gesehen mehr über «das männliche Sexualverhalten» als ich. Ebenso, wie ich wahrscheinlich mehr über das Sexualverhalten von einer Anzahl Frauen weiß, als die einzelne Frau es tut. Wir beobachten uns zu wenig. Ich meine das in bezug auf unser Sexualverhalten. Heterosexuelle Männer sehen nur selten andere Männer bumsen, Frauen selten andere Frauen. Wir können uns nur auf Filme, die Literatur und Berichte aus zweiter Hand stützen. Und das, was wir uns gegenseitig beibringen können. Niemand würde eine Person auf ein Auto, eine Bandsäge oder auch auf eine Filmkamera oder ein Schlagzeug loslassen, ohne daß der Betreffende andere bei der Handhabung beobachtet hat.

Auf Unwissenheit beruht auch die ganze Konkurrenzsituation, die den Geschlechtsverkehr zu einem Hindernislauf mit anonymen Konkurrenten machen kann: Gib dein Äußerstes (was das wohl ist?), da war sicher ein «besserer Liebhaber» vor dir.

Die Instrumentalisierung, der blinde Vergleich und die Konkurrenzangst bilden verschiedene Aspekte der «verselbständigten Sexualität»: Die reale oder eingebildete Beurteilung von mir als einem guten/schlechten Techniker unter der Bettdecke ohne Beachtung meiner übrigen Talente und Erfahrungen, Besonderheiten und Bedürfnisse.

Die Diskussion auf diesem Gebiet läßt sich zurückverfolgen bis zu dem blind tastenden Rätselraten der 12- bis 13jährigen, vielleicht gestützt auf die Aufklärungsschriften über die «erogenen Zonen der Frau». Widerberg hat in einem seiner Filme eine schöne Szene mit einem Jungen und einem Mädchen im Bett, er mit der rechten Hand im Buch und mit der linken in ihrer Kniekehle: «Spürst du was?»

Aber öffentlich begann für mich die Verselbständigung der Sexualität vor ungefähr 20 Jahren; dem folgten Versuche, sie durch Technik frei zu machen (Ejlersen, Hegeler, Masters & Johnson). Die Technik wurde isoliert, ohne daß das Absicht oder Anregung der Sexualforscher und -ratgeber war. Die Verselbständigung wurde durch die Betonung der sexuellen Unterdrückung verstärkt, die (und nur sie) von der Frauenbewegung massiv angeprangert wurde.

Das alles verband sich für die Männer mit einer ausgehöhlten oder veränderten sozialen und ökonomischen Rolle in der Familie und am Arbeitsmarkt sowie mit einer verstärkten Rolle im Konsumbereich.

«Der neue Mann» ist in dem Zusammenhang das Phantom, das ständig gejagt wird: die ideologische Antwort auf das Zerbrechen traditonellen Männerverhaltens. Die Kodifizierung eines neuen Verhaltensmusters, das sowohl Lebens-, Arbeits- und Konsumformen umfaßt, und zwar, indem der Unterschied *und* die Abhängigkeit von «dem weiblichen» Verhaltensmuster festgehalten wird.

Jeder öffentliche Beitrag zur Kodifizierung so eines Musters, das «*den* neuen Mann» vorstellen soll, beinhaltet die Gefahr, mehr noch als die Ratgeber und Aufklärer verwirren und zu unterdrücken, es sei denn, die Geschlechtsideologisierungen werden durch ein Bewußtsein aufgeweicht, daß die gleichen historischen Gesellschaftsveränderungen verschiedene Wirkungen haben, je nachdem, wo in der Gesellschaft sie eintreffen. Das heißt, wenn man auch noch so wenig über «*die* neuen Männer» redet, sagt man ebensoviel Falsches wie Wahres.

Deshalb rede ich weiterhin über mich selbst und meine nächste Umgebung.

«... wenn zwei Menschen sich richtig gut kennen ...»

*«Alles kann eine sinnliche Ausstrahlung bekommen, wenn das, was wir tun, oder die Art, wie wir es tun, das Bild abrundet, das wir von uns haben, es schön für unser Selbstgefühl zeichnet, so daß eine entspannte Grundstimmung in uns entsteht, die es überhaupt erst möglich macht, daß eine leuchtend spielende Erotik andere dazu verführt, sich mit uns zu beschäftigen.»**

Das Bild, das wir von uns haben, ist nicht von selbst gekommen. Es ist während des Aufwachsens beschädigt worden und entweder – selten – wieder authentisch zusammengesetzt worden, oder – meistens – mit ausgeliehenen Eigenschaften, oft mit Hilfe des Geschlechtsrollenbildes der Öffentlichkeit, restauriert worden.

Ein Paar hochhackige Stiefel und hautenge Hosen oder die Vorstellung von sich mit sanftem Blick und Kleinkind am Arm können bewirken, daß ein «neuer Mann» so begeistert und so in sich selbst verliebt ist, daß dieses Bild andere verführt. Eine gelungene Analyse der «Hindernisse gesellschaftlich geschaffener Lebensformen und der Bedarf für echte und verantwortliche Beziehungen zwischen Mann und Frau als Reaktion auf die gesellschaftliche Unterdrückung von Gefühlen» kann dieselbe Wirkung haben, erst auf den Sprecher selbst, dann auf den Zuhörer. Das Ganze kann aber auch, unter derselben Voraussetzung, mit unechten, verantwortungslosen Gefühlen füreinander und namentlich für sich enden.

Das Verlieben an sich (und eventuell das Bild, das der andere natürlich von sich hat) ist nicht alles. Vieles deutet darauf hin, daß die jüngere Männergeneration mit dem Bewußtsein von Filmhelden und einem öffentlichen Männerbild aufwächst, wo früher der strenge autoritäre Vater war – das dumme Schwein. Das Verlieben hat einen ausgesprochen narzißtischen Charakter angenommen, ausgelöst durch die zunehmende soziale Bedeutungslosigkeit des einzelnen für den «Nächsten».

* Fritz Morgenthaler: Perversionens samkvemsformer og samkvemformernes perversion I (Die Verkehrsformen der Perversion und die Perversion der Verkehrsformen) in: «Kontext» Nr. 9, Modtryk, Århus 1979.

Ich habe selbst in einem Bett die Erfahrung gemacht, daß die Frau in Wirklichkeit nicht mit mir zusammen war, sondern mit einem Bild, das sie sich von mir gemacht hatte und dessen Zerstörung sie sich sehr verbeten haben würde. Das ist nicht gerade eine Voraussetzung für einen Orgasmus.

An dieser Stelle meldet sich die alte Sexualaufklärung zu Wort, daß erst, «wenn zwei Menschen einander richtig gut kennen, es dazu kommen kann, daß sie den Wunsch haben ...» usw. Den wahren Sinn bekommt diese «Weisheit» besonders dann, wenn es «zwei Menschen sind, die sich selbst richtig gut kennen», sich gegenseitig aber nur flüchtig.

Die Voraussetzung, um das Bild, das der andere von einem hat, zu zerbrechen, ist, daß man sich ein bißchen selbst kennt –, oder zumindest seine eigenen Bedürfnisse und Wünsche, ob sie nun mit dem Bild des andern übereinstimmen oder nicht.

Herrscherin und Patient

Darum haben wir uns eigentlich kaum gekümmert, viele von uns sind der Forderung der Frauenbewegung nach einer neuen Männerrolle mit Anklammern bzw. mehr oder weniger unterwürfiger Anpassung begegnet. Vielleicht stand hinter dieser Reaktion oft eine regelrechte intellektuelle Anpassung an das historisch Logische und Progressive der Frauenbewegung, aber vermutlich genauso oft der Versuch, nicht in die Kälte hinausgestoßen zu werden, die Situation unter Kontrolle zu behalten und damit das Recht und die Möglichkeit zu bewahren, ein gemeinsames Geschlechts- und Zusammenleben mit begehrenden, emanzipierten Frauen zu erreichen.

Anklammerung und Folgsamkeit hängen vermutlich auch mit dem Wunsch zusammen, weiterhin der Entgegenkommende, vielleicht beinahe Nachsichtige zu sein: der, der Überschuß hat und Macht abgeben kann, nicht der, der Forderungen stellt und sich damit der Konfrontation aussetzt. Das ist eine manipulierende und ausweichende, aber deshalb auch autoritäre Antwort auf die Forderung der Frauenbewegung gewesen. Eine Instrumentalisierung von Einheit: Ich bin voll einverstanden, echt nett, mich kannst du ruhig lieben. Die Angst vor Verlust und Sicherheit ist die typische Falle für einen, der von Autorität abhängig ist: Da wir sie sowieso verloren haben, gab es keinen Weg zurück, und deshalb mußte es vorwärts gehen – mit unseren eigenen Forderungen.

Die Folgsamkeit war gerade auf dem Gebiet der Sexualtechnik bedeutend, aus historischen Gründen. Ein Vorspiel muß her – wir lernten das Vorspiel (zu genießen). Schlecken ist gut – wir lernten zu schlekken. Männer sind ja empfänglich für gute Vorschläge, lieber die Frau zuerst kommen lassen – wir lernten, ihr einen Orgasmus zu sichern, bevor wir selbst loslegten.

Ich zeichne das etwas grob. Die Wortwahl ist nicht sonderlich glücklich. Und der Lernprozeß ist auch eine ungeheuere Erweiterung der Kenntnisse über unsere sexuellen Reaktionsmöglichkeiten gewesen. Außerdem war das zweifellos die Möglichkeit, etwas Gegenseitigkeit in vielen eingefahrenen Formen des Geschlechts- und Zusammenlebens zu schaffen.

Aber es war auch ein Appell an den Sexualtechnokraten im Mann, der sozusagen für die handwerkliche Arbeit beim Geschlechtsverkehr zuständig ist. Die Macht erreichen oder festhalten, die Autorität oder jedenfalls die Selbstachtung durch Unterwerfung unter die Bedürfnisse des andern. Und oft ohne «Gegenforderungen» zu stellen, die eine Entwicklung hin zu Gegenseitigkeit und Gleichheit ermöglicht hätte.

Einen andern bedienen, ohne an den Betreffenden Forderungen zu stellen – das kennt man sonst nur von Fürstenhöfen oder Krankenzimmern. Das macht die Frau zur Herrscherin und zum Patienten gleichermaßen – wieder einmal.

Dem widerspricht nicht, daß die Frauen *uns* als Herrscher und Patienten gleichzeitig erlebt haben können. Verhindert wird aber eine gleiche, gegenseitige, erfrischende und lachende, ergriffene, erhabene und riskierende Erotik.

Und das ist tatsächlich der Ursprung einer tiefen Skepsis den eigenen Wert und der eigenen Wertschätzung gegenüber. Das ist die Skepsis, die unglücklichen induviduellen Umständen zugeschrieben werden kann, aber wegen ihrer allgemeinen Wiederholbarkeit eher der veränderten ökonomischen, sozialen und familiären Männerrolle entspringt und damit eigentlich der abwesenden Vaterfigur. Einem Milieu, das von der Mitte der 60er bis zur Mitte der 70er Jahre zum großen Teil von dem Gedanken geprägt war, daß Männlichkeit keinen Sammlerwert hat.

Ein Massageapparat und ein Tonband

*«Man muß daran glauben, daß man etwas hat, was die andern haben wollen. Etwas sein, was andere sein wollen. Wie anders fließt es über seine Lippen? Dies: Ich will haben? Wenn nur endlich Tee ans Bett käme.»**

Wenn man dem andern den Respekt erweisen soll, Forderungen zu stellen, Wünsche zu äußern und plötzliche lustige Einfälle zu haben, dann setzt das voraus, daß der andere selbst Lust zeigt. Und sie natürlich hat. Wohlgemerkt Lust speziell auf mich. Nicht, weil ich irgendwelchen Idealforderungen in Richtung Schönheit oder Männlichkeit nacheifere, sondern weil ich kein anderer bin als eben ich selbst.

«Du bist einer der liebevollsten, mit dem ich je im Bett war, du müßtest nur zwanzigmal so brutal sein», sagte eine sehr gefühlvolle, emanzipierte und kluge Freundin, die ich damals schon so gut kannte, daß ich daran glaubte, etwas Persönliches oder Humoristisches zu haben, das ihr gefiel – und zu dem ich schon Zutrauen haben konnte, und mein Selbstvertrauen intakt blieb. Genauso wie sie mir vertraute, indem sie sagte, was sie dachte. Deshalb konnten wir damit fortfahren, unsere Möglichkeiten mit grausamer Munterkeit und zweifelnder Neugier zu erforschen, ohne die erwünschte Vergewaltigungsattitüde, die auch mich gezwungen hätte, mich zu vergewaltigen. (Jedenfalls meine Hemmungen – das war es wohl, was sie meinte.)

Andere Frauen – oft Frauen, die sich daran gewöhnt haben, sich ein bißchen rar zu machen, weil sie von klein auf in einer Atmosphäre erotischer Aufmerksamkeit verkehrt haben – haben sich eher umgekehrt verhalten: «Es mit sich geschehen lassen», ohne richtige Lust oder Interesse auszudrücken, daß es nun gerade ich war, der «es machte». Übrigens nach dem erwähnten Muster mit Vorspiel, schlekken, du zuerst usw.

Vielleicht habe ich ihnen tatsächlich nichts weiter bedeutet, physisch gesehen jedenfalls. Dafür habe ich in meiner Nervosität um so mehr geredet. Sie fühlten sich *sicher* bei mir und meinem Körper, sagten einige ...? Ich fühle mich gerade verunsichert, wenn sie Lust haben.

* Eske Holm: «Forårsbølger» (Frühjahrswellen), Rhodos, Kbh. 1977, S. 144.

All das hat mich daran erinnert, was man Frauen manchmal sagen hört: «Er bumste mich, als ob ich nichts als ein Loch im Boden wäre.» Ich hatte eher das Gefühl, als ob diese Frauen «sich von mir bumsen ließen, als wäre ich nichts anderes als ein Massageapparat oder ein Tonbandgerät».

Sie können behaupten, daß ihre Schamhaftigkeit obszöne Gesten und andere Ausdrucksformen unverfälschter Geilheit verhindert, das ist schon denkbar. Sie lagen meist bewegungslos auf dem Rücken. Das Resultat war ein gefundenes Fressen für das Raubtier des Zweifels an meiner sexuellen Überzeugungskraft, das ich in einem ganz kleinen Käfig in meinem Innern eingesperrt halte. Und das konkrete Resultat war natürlich, daß die Beziehungen aufhören mußten. Unter anderem aus dem Grund sind die Beziehungen, über die ich hier spreche, relativ kurz und vielleicht ein bißchen eindimensional. Das kann nicht ohne weiteres verallgemeinert werden. Aber es ergab sich ein Ungleichgewicht zwischen meiner steigenden Nachfrage *und* meiner Unsicherheit – und der proportional sinkenden Ausbeute.

Gab es etwas an mir, was sie haben wollten? Im Bett hatte ich den Eindruck, daß ich genauso gut hätte Tee servieren können – Bedienung und danach Selbstbedienung, für diesmal weitermachen mit der rohen Tour. Und dabei kommt auch nicht viel Orgasmus heraus.

«Mann, er ist drin!»

*«Ich weiß nicht, ob ihr Interesse für Sex abnimmt oder ob ich ihr nicht mehr gefalle. Sie merkt, daß ich mich zu Hause anders verhalte, wenn ich auf einen Beischlaf mit ihr eingestellt bin, und das nützt sie aus. Meine lange Geschichte unseres sexuellen Zusammenlebens endet also damit, daß Sex eine Art Geschäft zwischen uns geworden ist.»**

Angebot und Nachfrage, Geschäftsverträge und «ich will haben» ... Ist das nicht gerade Ausdruck der narzißtischen oder einfach egoistischen männlichen Sexualität der guten alten Zeit? So gesehen – ja. Und es geht auch gar nicht darum, daß, wenn nur ... dann kann man sicher sein ...

* Anonymer Mann in: Ramsby und Elmquist: «... men hvad så med mændnene? (... und wo bleiben die Männer?) Sommer & Sørensen, Kbh. 1978, S. 62.

All das Gerede über Forderung und Selbstvertrauen geht nicht dahin, mich/uns zur alten Bulldozerhaltung zurückzubringen. Weist aber auf die Notwendigkeit hin, auf den tatsächlich vorhandenen Lustgefühlen und Bedürfnissen zu bestehen (ohne allerdings darauf zu verzichten, auf die des andern zu reagieren) – und dann zu sehen, was passiert. Experimentieren mit Hilfe der eigenen Einfälle statt mit dem Lehrbuch: «Fünfzehn Fingerübungen für ein wohltemperiertes Vorspiel», alle möglichen Vermutungen über die Lust des andern anzustellen. Denn das ist autoritär, wie hündisch es auch durchgeführt werden sollte.

Riskiert man da nicht, in eine Zwickmühle zu kommen? Kein Orgasmus, ja nicht einmal ein Samenabgang, alles aus?

Das riskiert man schon. Wer nichts wagt, gewinnt auch nichts. Und dann weiß man ja, wie es dazu gekommen ist – ob es die eigene Lust, die des andern war oder beides nicht gestimmt hat.

Die Auslösung in der Scheide der Frau wurde in der erotischen Sozialisation, in der wir aufgewachsen sind, vorrangig propagiert. Vor allem durch die Pornographie, das Schlechtmachen der Onanie und das Verschweigen oraler Möglichkeiten, gegenseitiger Selbstbefriedigung usw. Und außerdem wegen der mangelhaften Verhütungsmöglichkeiten, besonders in den frühen Jahren unserer sexuellen Reife, wo der Erguß zur Fortpflanzung führen konnte und deshalb unmöglich auch gleichzeitig angestrebtes Ziel war.

Aus eigener Erfahrung vermute ich, daß auch darin eine Erklärung für «zu frühen Samenabgang» bei vielen Männern liegen kann. In einem Klima uneingelöster Erwartungen, die ständig an jedem Kiosk angeheizt wurden, wird das zu einer Art Schock: «Mann, er ist drin! Jetzt vögelst du!» Diese Reaktion hinderte mich jahrelang daran, etwas zu fühlen oder irgendwelche Einzeleindrücke oder Details zu sammeln, blindlings ließ ich die Kanonen donnern. Das war vor den neuen Lehrbüchern, aber man konnte sich von solchen Reaktionen nicht durch Lesen befreien. Erst viel später habe ich erfahren, daß es anderen genauso ging.

Zu frühe «Zugabfahrt»

Mehrere Jahre lang experimentierte ich in der Weise, daß ich einige Zeit, bevor ich vielleicht zum Vögeln kommen würde, onanierte. Das löste den lokalen Druck und das Fixiertsein auf den Schwanz und ermöglichte mir stets, mit dem übrigen Körper auch sinnlich zu empfinden – ohne daß ich den Schwanz und was dazugehört zu *verdrängen* brauchte. Er war ständig dabei, ich konnte mit ihm fühlen und unterscheiden, ihn nicht nur an Ort und Stelle per Reflex entleeren.

Ich bin mit dieser Sache immer wieder aufgezogen worden, als ich sie in einem Interview während der Orgasmusdebatte der Tageszeitung *Information* im Winter 1980/81 erwähnte. Eine Frau fragte mich, als wir ins Bett gehen wollten: «Hast du auch dran gedacht, dir erst einen runterzuholen?» Ein Mann, Sven Holm, meinte, daß ein Geschlechtsverkehr unter dieser Voraussetzung sein müßte wie Geige spielen mit einigen durchgeschnittenen Saiten. Er tendierte mehr zu bekannteren Methoden wie z. B. sich intensiv den Papst vorstellen auf dem Weg über den Petersplatz. Wenn es schon sein mußte. Ich habe früher einmal einen andern Tip erprobt, nämlich die Paragraphen der Sozial- oder Strafgesetzgebung auswendig zu rekapitulieren. Man kann seine Gedanken auch auf etwas noch Unangenehmeres konzentrieren: Geld, das man schuldet, Arbeit, die man nicht gemacht hat – oder wie einer vorgeschlagen hat – sich auf das an ihr zu konzentrieren, was du am wenigsten ausstehen kannst: Geruch, Zähne ...

Mir scheint, daß alle diese Methoden zur Verspätung der «Zugabfahrt» armselig sind, die letzte direkt verdächtig und unmoralisch. Sie zielen darauf ab, die Situation, in der man ist, zu verdrängen, die psychische und geistige Verbindung abzubrechen, um physiotechnisch im Takt zu bleiben.

Das Onanieren schlage ich auch nicht gerade als Dauertherapie vor, aber als ein zwischenzeitliches Experiment, um zu versuchen, seine Reaktionsmuster zu verändern. Ein anderer Kniff ist die taoistische Methode, einen Finger fest gegen den Samenleiter pressen, d. h. auf den Damm zwischen Hodensack und After. Dadurch wird nicht das Entstehen einer totalen Sinnlichkeit unterbrochen, es ermöglicht aber ein augenblickliches Aufbegehren gegen die Zeit, das Ablaufen der Zeit wird zu einer erfüllten Zeit ... Also: Zum Orgasmus im Zustand des Selbstvergessens und Erfülltseins, das Verschmelzen mit dem andern und das unendlich detaillierte Erfassen des andern, Erfüllung und Ausleerung, Einsicht und Offenheit, Ausweitung zu einem Allumfassenden und doch Zusammenziehung zu einem Kern.

Dieses Erleben ist ganz anders als ein bloßer einfacher Erguß, sei er nun zu früh oder zu spät.

Sich loslassen

Man wird sicher der Meinung sein, daß ich mir allmählich selbst widerspreche: auf dem Weg bin, gerade hin zu Zielgerichtetheit, Instrumentalisierung; der verselbständigte Sexualtechniker ohne Rücksicht auf die notwendige freie Entfaltung auf anderen Gebieten.

Ich glaube aber nicht, daß eigene Widersprüche so schlecht sind. Mir ist es auf die psychischen, sozialen und physiologischen Behinderungen des Orgasmus angekommen. Solche, mit denen ich selbst meine Schwierigkeiten gehabt habe. Und das sollte keineswegs erschöpfend sein, wenn ich so sagen darf: Selbst wenn alle diese Hindernisse weg sind, habe ich mir noch nicht den Orgasmus gesichert. Ich kann ein bißchen mehr gerüstet sein, ein bißchen mehr *dagegen* gesichert sein, wenn man so will.

Denn damit, daß wir nach diesem so sehr propagierten Orgasmus verlangen, sichern wir uns gleichzeitig gegen ihn ab. Um in seine Nähe zu kommen, müssen wir uns loslassen, uns ausliefern, uns verletzbar machen. Schon das ist innerhalb der vorgegebenen Erwartungen, die an einen Mann gestellt werden, schwer. Und dazu kommt der Alltag, in den diese Bemühungen eingebettet sind: die Arbeit des vergangenen und des kommenden Tages. Die flüchtige Erinnerung an den Zahnarztbesuch mit einem der Kinder am nächsten Tag, schlechtes Gewissen wegen des Abwaschs, die den anderen zu sehr beanspruchen würden usw. All das, was täglich fordert, daß wir uns *nicht* loslassen – und das verändert und gelöst werden muß, bevor sinnvoll von Befreiung von und zur Sexualität die Rede sein kann.

Aber selbst wenn das alles geklärt ist, besteht da noch ein letztes Hindernis: Man muß damit aufhören, alles erfassen zu wollen, muß die Vorbehalte gegenüber der eigenen Kontrolle, der Situation und dem Verlauf aufgeben. Die meisten haben, glaube ich, gelernt, mit wenigem zurechtzukommen – eine Betäubung begrenzender, physiologischer Art, kürzer oder länger andauernd, mehr oder minder lokal. Und das ist ja auch nach wie vor nicht zu verachten.

Sich loslassen bedeutet u. a. die Kontrolle aufgeben, ob man auf dem Weg zum «Ziel» ist. Mit andern Worten: den Orgasmus als Zielvorstellung aufgeben! Das Ziel besteht darin, die Dinge von selbst kommen zu lassen. Wie sie eben kommen.

Sich gewaltlos hingeben, wie in Meditation oder mystischer Ekstase oder eine Psychotherapie: sich den Kräften überlassen. Dabei riskiert man, Empfindungen in sich kennenzulernen, die verdrängt waren. Erinnerungsblitze, Traumata oder Ahnungen, die das Weltbild im Kopf verrücken: hoch bewertete Ziele werden ungültig und neue Maßstäbe für Zeit und Lebensinhalt werden gesetzt. Sich loslassen ist ein gefährliches psychisches und soziales Experiment.

Inzwischen auch deshalb, weil die Lust, sich loszulassen und das Unsagbare zu erleben, eine revolutionäre Triebkraft und eine ständige Energiequelle ist.

Es gibt Dinge im Leben . . .

... über die man nicht spricht. Traditionell gehören dazu der Intimbereich und das Geld (das man hat oder eben nicht hat). Modern denkende Menschen kennen da keine Scheu. Sei es, daß sie beides ganz natürlich finden; sei es, daß sie dabei Rat und Hilfe brauchen.

Sten Hegeler

Zwanzig Jahre Orgasmusdiskussion

Viele Jahre lang haben wir den Orgasmus der Frau erörtert. Bei den meisten Frauen muß zweifellos einiges mehr sowohl an psychischer wie an physischer Energie aufgewandt werden, um zum Höhepunkt der sexuellen Erregung zu gelangen. Einiges mehr als die meisten Männer benötigen, um zu ihrem Samenerguß zu kommen.

Fragt man tausend Frauen: «Worin besteht dein größtes sexuelles Problem», so ist die Antwort der meisten: «Daß es so schwierig ist, zum Orgasmus zu kommen.»

Fragt man tausend Männer nach ihrem größten sexuellen Problem, so ist die Antwort der meisten: «Ich glaube, ich komme zu schnell zum Orgasmus!»

Das bedeutet, daß die zwei Geschlechter in dieser innigen Situation von Gegenseitigkeit, Gefühl und Zusammengehörigkeit mit ganz verschiedenen Problemen kämpfen, jeder auf seine Weise. *Sie* arbeitet an ihrer Trägheit, ihrem Gefühl, nicht zu genügen: «Oh, wäre ich doch endlich so erregt und bereit, daß er für all seine Mühe belohnt würde!»

Und *er* stöhnt innerlich: «Ach, wenn es bei mir nur nicht zu schnell losgeht!»

Nicht die beste Grundlage für die höhere Einheit der Seelen. Aber auf dieser Grundlage hat man viele Jahre von allen Seiten versucht, daran zu arbeiten, den «Weg zum Orgasmus der Frau» etwas abzukürzen.

Mit in der Diskussion war auch, ob die Frau (und der Mann) auf die Gefühle in der Scheide Wert legen soll(en) oder auf die Empfindlichkeit der Frau um die Klitoris. Ersteres war bis ungefähr 1960 sehr in Mode. Damals schufteten die Männer drauflos, bis die Scheiden der Frauen fast wund wurden – und in den allermeisten Fällen ohne Resultat. Im

Winter 1980/81 tauchte die Diskussion über die Gefühle in der Scheide wieder auf. Diesmal in der Tageszeitung *Information*. Nach vielen und langen Beiträgen ergriffen ein paar Männer das Wort und erzählten ein bißchen über ihre Orgasmen. Zum allgemeinen Erstaunen und zur allgemeinen Freude. So stark, daß man sich jetzt entschlossen hat, diese Anthologie über die Orgasmen des Mannes herauszugeben. Unter anderem, weil man sich darüber gewundert hat, warum man sich so lange Zeit so wenig für das männliche Erleben interessiert hat ... «und wo bleiben die Männer?»

Hier einige Erklärungsversuche. Aus einleuchtenden Gründen kommen wir nicht darum herum, die Frau und ihren Orgasmus und dessen Umstände mit einzubeziehen. Die zwei Geschlechter sind ja unter diesen Umständen oft zusammen.

Wir wissen z. B. alle, daß die Männer in dem Augenblick, wo sie ihren Penis in die Scheide der Frau stecken, selten noch viele Bewegungen brauchen – und ihr Erguß ist da. Nicht so verwunderlich, daß die Männer für sich und ihren Genuß den Schluß ziehen: DAS muß die STELLE sein!

Überdies werden in der Scheide die kleinen Kinder gemacht!

Viele Gründe sprechen dafür, daß die Scheide als der richtige Ort und das einzig Seligmachende angesehen wird.

Man wußte natürlich schon, daß kleine Mädchen und ganz junge Frauen manchmal die «Unart» hatten, den Bereich um den Eingang der Scheide zu reiben. Da, wo *der Kitzler, der Dattelkern, das Däumchen* – auch *Klitoris* genannt, sitzt. Aber reife Frauen, hieß es, bekämen ihren Höhepunkt auf genau die gleiche Weise wie die Männer – d. h. gespiegelt durch den Mann / antwortend auf den Mann / den Mann ergänzend und vollendend. Man erwartete wirklich, daß sich die Frauen den Männern «anpaßten», wie der Handschuh der Hand, und daß sie dieselben Fähigkeiten hätten.

Deshalb auch das Ideal von Wilhelm Reich und anderen über den gleichzeitigen Orgasmus als Folge der innigen Vereinigung der speziellen Organe der beiden Geschlechter. (Daß das eine starke Diskriminierung von Homosexuellen und anderen bedeutet, die gerade nicht die Organe zweier Geschlechter vereinigen können, ist eine andere Sache.)

In verschiedener Hinsicht ist es also ein verständliches, erklärbares und unschuldiges Mißverständnis. Und es ist ganz sicher durch verschiedene Tatsachen angreifbar. (Die ganze Geschichte könnte an «Des Kaisers neue Kleider» erinnern: Niemand will freiwillig seine Unreife zugeben.) Andererseits gab es unter uns einige Männer, die sich den Kopf kratzten und sich fragten, warum gerade sie über so viele unreife Frauen stolperten. Und die Frauen, die ja selten ein anderes weibliches Geschlechtsleben außer ihrem eigenen kennen – und deshalb nichts und niemand zum Vergleich haben – waren noch unsicherer: «Was bin ICH doch kompliziert!»

Jeder kann im Restaurant den Nachbartisch beobachten und feststellen, daß die Spagetti auch bei anderen die Eigenart besitzen, sich um Nase, Ohren und Kinn zu schlingen, bevor sie in den Mund gestopft werden. Aber wenn es sich um das Sexuelle dreht, können wir nicht hinüberschauen – dafür bekommt der Experte, nämlich der Mann, seinen Orgasmus anscheinend beinahe geschenkt.

Nach wie vor wird viel vom SEX geredet, aber sehr wenig über die bloßen Tatsachen. So haben die Frauen meist nicht die Möglichkeit, mit andern Frauen über ganz intime Dinge zu sprechen – um sich so auf das verlassen zu können, was die Freundin über sich berichtet.

Die Situation war also lange Jahre so, daß der schwierige Orgasmus der Frau im Mittelpunkt stand. Der männliche Orgasmus war in seiner Unkompliziertheit taktlos. Es erforderte sowohl für Männer wie Frauen Zeit, um zu verstehen, daß sie Opfer eines Mythos, eines Aberglaubens, eines gut aufgemachten Mißverständnisses waren. Daß die Frauen gefoppt wurden, wenn sie glaubten, daß nur sie und ihre Partner so unmöglich, so schwerfällig, träge und ungeschickt waren. Aber auf der andern Seite ganz in Übereinstimmung mit der christlichen Erziehung, die unser Leben auch als Erwachsene durchsäuert: «Du bist nicht so, wie du sein solltest!»

Der holländische Arzt *van de Velde* war auch nicht ohne Schuld. In «Die vollkommene Ehe» klärte er in den 30er Jahren Väter und Großväter darüber auf, daß die Frauen durchaus vom sexuellen Beisammensein etwas haben konnten. Im Gegensatz zu einem englischen Frauenarzt beispielsweise, der um 1915 meinte, es wäre eine Unverschämtheit, Frauen sexuelle Gefühle zuzuschreiben. Van de Velde lehrte uns

Männern, daß wir für das genußvolle Empfinden der Frau verantwortlich wären. Daß wir keine richtigen Männer wären, wenn wir nicht für den Höhepunkt unserer Frauen sorgen würden. (Bis zum heutigen Tag sind wir wohl noch nicht viel weitergekommen, als daß die Frauen eine zugeteilte Sexualität erhalten, *aber zusammen mit ihrem Partner*. Nicht, wie er, seinen eigenen, selbständigen Geschlechtstrieb überall bei sich hat.)

Orgasmus – ein Skalp für ihn

Wir haben uns Mühe gegeben, wir Männer. Alle erdenkliche Mühe. Die Frauen lagen auch nicht auf der faulen Haut. Sie merkten schnell die Forderung des Mannes: daß ihr Orgasmus nichts mehr war, was sie für sich bekommen sollten – nein, er war vor allem ein Skalp, eine Trophäe am Gürtel seiner Eitelkeit.

Wiederum verständlich, daß so viele Frauen sich entschieden, zu simulieren. Sich dafür entschieden, eine Ekstase vorzugeben, die sie nicht annähernd fühlten. Und natürlich spielten sie diese Verzückung gerade in der traditionellen, konventionellen Beischlafstellung mit dem Penis in der Scheide. Wie auch sonst. Und der neue Mann der 40er, 50er und 60er Jahre fragte zärtlich, aber nicht minder fordernd: «Bist du gekommen, Liebling?»

Die Frauen antworteten mit einem «Ohhh!!!», denn das war nun mal das einfachste. Und ein schlechtes Gewissen hatte man ja als Frau. Nicht wegen des Simulierens, aber weil man so schwierig zu befriedigen war. Daß man auf diese Weise sowohl den Mitschwestern wie Nachfolgerinnen gewaltig in den Rücken fiel, daran dachte man kaum. Man war ja überzeugt, daß die viel geschickter sind bzw. sein würden, als man selbst war.

Einige von uns weigerten sich Ende der 50er Jahre, sich unmöglich und ungeschickt zu fühlen. Unter anderem der Kreis um den verstorbenen Psychoanalytiker *P. C. Petersen*; er ermunterte uns, der Problematik auf den Grund zu gehen. Er und wir waren große Bewunderer von Freud, meinten aber, daß er zu unkritisch den Aberglauben seiner Zeit übernahm, daß nämlich «die reife Frau einen Scheidenorgasmus bekommt, die unreife aber nur einen klitoralen Orgasmus». Freud übernahm also bloß die seiner Zeit gemäße Hypothese.

Die Skepsis führte u. a. zu «Kærlighedens ABZ» (Das Abz der Liebe), das 1961 erschien. (Die 12. und 13. revidierte Ausgabe im Nov. 1980. Das Abz war kaum, wie einige freundlicherweise behauptet haben, die *Ursache* für die sexuelle Revolution, die in vielen Teilen der Welt zu Beginn der 60er Jahre begann.

Wir hatten das Glück, genau zu diesem Zeitpunkt zu erscheinen, als die Welt und auch das kleine Dänemark reif und bereit waren, am sexuellen Tabu zu rühren.)

All das gehört zu den Grundlagen der Orgasmusdebatte, die zu Beginn der 60er Jahre anfing. Da wurde nun allerdings nicht so fürchterlich viel debattiert. Die neuen Gedanken wurden im großen und ganzen in weiten Kreisen angenommen. (Und das blieb so, als das Abc in vielen Ländern herauskam und wir Fragen des Zusammenlebens in dänischen, norwegischen, finnischen, deutschen und schweizerischen Illustrierten beantworteten.)

Warum war der Mann nicht dabei? Warum kam da keine Frage, kein Beitrag von Männerseite und Männern oder *über* Männer? Warum hat man sich z. B. nicht für die *Qualität* seiner Orgasmen interessiert?

Wir erhielten zwischendurch 500 bis 1000 Briefe pro Woche und versuchten, mit einer notdürftigen Statistik über die Fragen der Frauen und Männer dem Briefberg beizukommen. Erst wenn die Männer schon etwas älter waren, meldeten sie sich mit Problemen in bezug auf ihre Erektion. Sonst war es im großen und ganzen immer das «zu schnell» Kommen. Aber die Frauen und ihre Problematik prägten die Briefe beiderlei Geschlechts: Daß die Frauen «zu langsam» kamen. («Zu schnell und langsam» in Beziehung wozu? Es muß in Beziehung zueinander sein.)

«Mein Mann ist so stolz auf seinen großen Penis, aber ich habe nichts davon.» – «Mein Verlobter kann sich anstrengen wie er will, aber ich werde davon nur wund und verärgert.» – «Meine Frau und ich lieben uns unendlich, und wir haben es in jeder Hinsicht wunderbar zusammen, aber mit dem Sexualleben werden wir nicht fertig.» So lautete ein Brief nach dem andern. Sollte das bedeuten, daß weder Größe noch Durchhaltevermögen noch die starken Gefühle *ausreichend* sind? Daneben war es zeitlich nicht möglich, eine Diskussion über den männlichen Orgasmus und dessen Qualität zu beginnen.

Deshalb ist es in der Debatte auch nicht um große und kleine Orgasmen, ob marxistisch oder reformistisch, gegangen, und auch nicht um die Bedeutung von Gebärmutter und Prostata für das Erleben.

Dafür ist es um einige rein praktische Dinge gegangen: z. B. dem Mann klarzumachen, daß sich die beiden Geschlechter keineswegs immer in ihren Gefühlen spiegelbildlich entsprechen. Und daß beide Teile vielleicht mehr davon haben, wenn sie nicht gleich den Penis reinstecken. Unter anderem deshalb, weil das Engagement des Mannes beim Geschlechtsverkehr sehr davon abhängig ist, daß er seinen Erguß nicht bekommt.

Die Stärke der Sexualität bei den beiden Geschlechtern

Vielleicht ist es für das Verständnis all dieser Probleme fruchtbar, sich die Hypothesen anzusehen, die man heute über den sexuellen Trieb bei beiden Geschlechtern kennt:

Wenn wir, recht allgemein und undifferenziert, den Geschlechtstrieb bei beiden Geschlechtern und dessen Stärke in verschiedenem Alter betrachten, so kann das, immer noch grob vereinfacht, so aussehen:

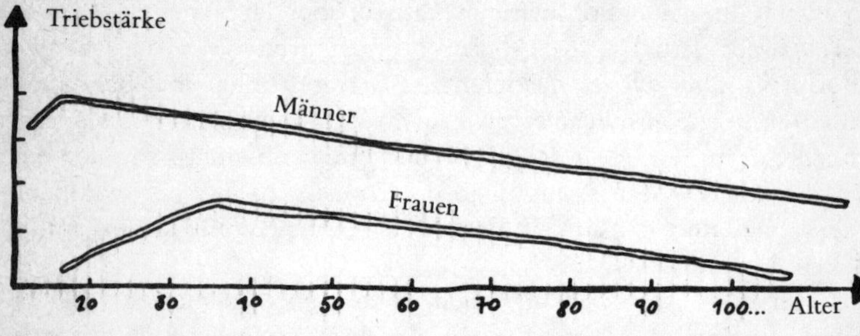

Die Kurven beanspruchen nicht völlige Genauigkeit, aber man kann daran ablesen, daß der Trieb des Mannes offensichtlich im Alter von 15 bis 20 Jahren am stärksten ist, um dann stetig, aber langsam abzunehmen, ohne jemals zu verschwinden – während die Triebstärke der Frau offensichtlich erst im Alter um 30 ihren Höhepunkt erreicht. «Erst dann vergessen sie, was die Mutter gesagt hat», wäre eine Erklärung.

Aber jetzt sprechen wir darüber, wie die Triebstärke *sich zeigt*, ausdrückt, entfaltet. Unter den gegebenen Umständen, in dieser Gesellschaft, bei diesen Geschlechterrollen.

Stellen wir uns statt dessen eine idealere Gesellschaft vor, bezogen auf zugelassene sexuelle Entfaltung beider Geschlechter: ohne Unterdrückung, die sowohl Männer wie Frauen betrifft, aber auf verschiedene Weise und in verschiedenem Ausmaß – dann würden die Kurven gemäß den neuesten Hypothesen so aussehen:

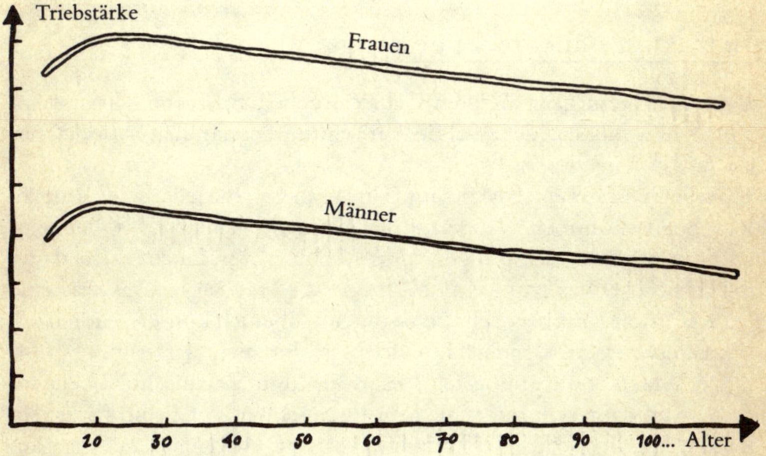

Beim Vergleich mit der vorigen Zeichnung sehen wir, daß der männliche Trieb nun etwas höher liegt – und vielleicht nicht so viel abnimmt. Weil die Unterdrückung aufgehoben ist – und das Tabu über das Geschlechtsleben der Älteren nicht mehr so stark ist.

Und zum Teil hat sich der Höhepunkt der Frau zu den Jahren der Pubertät hin verschoben, überdies liegt die Triebstärke um einiges über der des Mannes.

(Die zwei Zeichnungen sollen nicht die *Wahrheit* darstellen, sondern Ausdruck einer Hypothese sein.)

Glaubt man an diese Hypothese, so wird deutlich (erste Zeichnung), wie träge, schwierig und langsam die Frauen sind – und vielleicht erklärt sie auch, daß die Erregung mit dem Penis in der Scheide nicht ausreichend ist. Und wir sehen, warum so viele Paarbeziehungen darunter leiden, daß der Mann öfter Lust hat.

Hier finden wir möglicherweise eine der Ursachen dafür, warum die Sexualität der Frau so unterdrückt ist: Man ist in einer von Männern dominierten Gesellschaft nicht daran interessiert, daß sich die Frauen allzusehr entfalten. Umgekehrt: Der Mann kann ohne Befürchtungen aus dem Haus gehen, wenn die Sexualität der Frau unterdrückt ist, so eingewickelt, daß er sie mit sich nehmen kann. Sie existiert nur, wenn er sie dann und wann «weckt».

Befriedigt – aber nicht gesättigt

Und auf einem ganz anderen Gebiet ergeben sich neue Zusammenhänge: Wir müssen hier zwei Begriffe einführen, nämlich *befriedigt werden* und *gesättigt werden*.

Stellen wir uns einen Mann und eine Frau vor, die jeder seine Portion Krabben bekommen, dann sagt der Mann vielleicht: «Das war fein, jetzt bin ich satt – ich bin gesättigt. Ich bin vorerst nicht mehr daran interessiert, etwas zu essen.» Während die Frau sagt: «Das war eine feine Portion Krabben, sehr befriedigend, aber ich könnte schon noch etwas mehr essen. Denn ich bin nicht satt, bin nicht gesättigt.»

Der Mann sollte am besten seinen Erguß nicht zu schnell bekommen, weil dann sein Interesse, sein Engagement, weg sind. Er ist sexuell befriedigt worden und damit gesättigt. Aber Frauen, deren Sexualität *in Wirklichkeit* viel größer ist, werden oft erleben, daß es schön war, befriedigt zu werden, einen Orgasmus zu bekommen – aber daß sie nicht gesättigt sind. (Im Englischen hat man entsprechende Ausdrücke, to be satisfied und to be satiated.)

Wenn der Mann seinen Erguß gehabt hat, fällt ihm ein: Ob noch Kaffee in der Kanne ist / habe ich das Abonnement für «Information» bezahlt / ob es was im Fernsehen gibt??? – während die Frau, trotz einer eventuellen Befriedigung, viel mehr in der warmen, zärtlichen, liebevollen, sexuellen Situation verbleibt.

Wieder sind die beiden Geschlechter in einem Augenblick voneinander getrennt, der von Gemeinsamkeit erfüllt sein sollte. Eine lange Abschweifung, die vielleicht einige Dinge zurechtrückt – und auch klarmacht, warum die Diskussion hier in erster Linie von den Schwierigkeiten der Frau handelt.

Eine andere Konsequenz besteht darin, daß es noch einige Zeit hauptsächlich die Verantwortung des Mannes sein wird, zu entscheiden, wo gestreichelt und gerieben wird. Aber dann muß er auch aufgeklärt werden, muß lernen, was am meisten bringt. Selbst wenn natürlich das Ideal darin bestehen muß, daß die Frau ihre *eigene* Sexualität entwickelt, daß sie die Verantwortung für ihre Sexualität übernimmt – und daß ihr Sexualität unabhängig vom Bemühen des Mannes möglich ist, genauso wie der Mann ziemlich unabhängig vom aktiven Bemühen der Frau ist. Offenbar haben viele diesen Gedankengang in den 60er Jahren abgelehnt. Dann kamen einige Jahre, wo die Diskussion undurchsichtig wurde, weil einige gemäß dieser neuen Einsicht nach TECHNIK riefen. Und glaubten, daß die LIEBE vergessen worden war.

Es drehte sich also in diesen Jahren oft um ORGASMUS oder nicht ORGASMUS und um den der Frau. Es drehte sich darum, die beiden Geschlechter dazu zu bringen, gelöster zu werden. Einige Sackgassen aufzugeben. Von Konkurrenzangst und zumindest einigen falschen Erwartungen wegzukommen. Einfach die Tatsache, daß ein Mann nicht mit dem Wissen auf die Welt kommt, wie «eine Frau es haben will» und daß das, was ihn freut und erregt – nicht notwendig und unbedingt auch sie verzückt und erregt. Das TECHNIK zu nennen, statt mitmenschlichen Respekt, ist eine Entscheidung, die jeden einzelnen angehen muß.

Die Frage ist dann, ob wir in den 80er Jahren das Gefühl und den Eindruck haben, soweit gekommen zu sein, daß alle Männer es verstanden haben und alle Frauen jetzt ihre eigene Sexualität verwalten?

Qualität vor Sicherheit?

Da ist es bestimmt noch lange hin. Für Frauen ist z. B. der Orgasmus bei weitem nicht so einfach wie für die Männer. Ist die Zeit reif dafür, die Qualität der Orgasmen beider Geschlechter zu erörtern? Oder: Kommt Qualität vor Sicherheit? Haben wir all das erreicht, was die sexuelle Revolution der 60er Jahre auf die eine oder andere Weise in Aussicht gestellt hatte? Die Antwort ist natürlich NEIN und der Grund besteht vielleicht darin, daß Wohlstand, Optimismus und all das nicht lange gehalten hat. Damals lebten wir in dem Köhlerglauben, daß wir Menschen dabei waren, alles in den Griff zu kriegen, einschließlich des Geschlechtslebens. Das Paradies blitzte um die Ecke.

Viele haben in ökonomisch-politischer Richtung Erklärungen versucht, ohne daß mir die besonders klar zu sein schienen. Wir wollen uns damit begnügen, festzustellen, daß in allen Bereichen der Optimismus einem jähen Aufwachen gewichen ist: Wir sind nicht die Herrn der Schöpfung. Machen wir ein Gedankenexperiment und beurteilen wir unsere Unentbehrlichkeit, indem wir uns mit einem Ruck von dieser Erdkugel entfernen. Dann stellt sich die Frage: Würde uns jemand vermissen? Wozu waren wir nützlich? Die Antwort ist niederschmetternd: Diejenigen auf der Erde, die nach Entfernung des Menschen Zurückgebliebenen würden erleichtert aufatmen.

Die schlechte wirtschaftliche Lage und der durchaus begründete Pessimismus der 80er Jahre wird von einem Puritanismus begleitet, der sexueller Freude und Begeisterung nicht gerade entgegenkommt. Und sehen wir uns bei den progressiveren politischen Bewegungen und Regimen auf dieser Welt um, dann dominiert da gerade nicht die sexuelle Toleranz. Hier in Dänemark wird der LIEBE ein Ehrenplatz zugewiesen. (Ich habe das dunkle Gefühl, daß man VERLIEBTHEIT meint und dann ist es ein hoher Anspruch, den man stellt.)

Die Sexualität wird verworfen um der EROTIK willen, die edler ist, weil nur in der Erotik Liebe und Sexualität in höchster Einheit zusammengehen. Frauen verbieten es sich, als Sexualobjekte betrachtet zu werden. (So betrachtet zu werden haben sich viele Männer jahrelang gewünscht. Was aber ist schlimmer als eine Betrachtung als Sexualobjekt? ... Nicht als Sexualobjekt betrachtet zu werden.)

Wo gibt es denn überhaupt noch Platz für den Mann, seinen Beitrag über seinen eigenen Orgasmus einzubringen? Halt bloß die Schnauze, du geiles Arschloch! Die Kritik an den traditionellen Geschlechterrollen hat die Diskussion auch nicht vorwärtsgebracht. Und aus der puren Angst, nicht zärtlich, liebevoll, rücksichtsvoll und un-männlich genug zu sein, haben wir uns nicht vorgewagt. Wann erhalten wir – in aller Bescheidenheit – die Erlaubnis, etwas mit unserer Liebesfähigkeit anzufangen?

Und wird nicht übersehen, daß wir Männer durchaus Gefühle zeigen können? Wir sollten das viel besser können, aber zeig mir den Mann, der nicht, jedenfalls einmal in seinem Leben, mit blutendem Herzen und all seinen Gefühlen dagestanden ist, bereit, sie der Frau zu überreichen: «Hier hast du alle meine Gefühle, meine Zärtlichkeit, meine Liebe, alles ... und es ist dein, nimm es bitte ...!» Und sie hat geantwortet: «Stör mich nicht, mein Freund, ich will nur eben mal sehen, wo Karl Børge hin will!» Und sie hat den Kopf abgewandt, um einem Typ nachzugehen, von dem sie im übrigen der Meinung war, daß er es schwer hätte, seine Gefühle zu zeigen. Und eine ganz andere Sache: Hat man erst mal gemerkt, was zur traditionellen weiblichen Geschlechtsrolle gehört: das allzu bereitwillige Lächeln, die unterdrückte Aggression etc. – dann könnte man versucht sein, boshaft zu fragen: Wo ist die echte weibliche Empfindsamkeit.

Wird man einen Hungernden mit gastronomischen Betrachtungen unterhalten? Ist es genauso taktlos, eine Diskussion über die Qualität des Orgasmus anzufangen? Machen wir hier dasselbe, was wir auf so vielen anderen Gebieten gesehen haben: Kaum hat der Orgasmus der Frau die Gemüter erfaßt, stürmen wir Männer in die Arena und schreien: «Hallo, hier kommen wir!»

Sind wir wirklich soweit, daß das berechtigt ist?

Der Herr der Welt – Herrscher über sich selbst?

Ich bin kein Historiker, aber mir scheint, daß in der Mitte des vorigen Jahrhunderts ein neues bürgerliches Ideal aufgestellt wurde: Du sollst dich beherrschen können!

Das gilt natürlich besonders für die Männer. (Bei den Frauen ist – wie erwähnt – eher die Rede von einer beinahe totalen *Unterdrückung*: Null Sexualität.)

Und diese Forderung, dieses Ideal bringt es mit sich, daß die herrschende Klasse darauf aus ist, die Männer zu zähmen, niederzuhalten und zu disziplinieren; u. a. und nicht zuletzt mittels ihrer Sexualität. Eine Sexualität, die sie durchaus haben dürfen, die aber klein gehalten werden soll. Und diese Disziplinierung geht Hand in Hand mit unserer Mutter und ihrer Erziehung von den kleinen Männern.

In einer Fernsehsendung gab es vor einigen Jahren eine Szene, wo der Ehemann Lust hatte, nicht aber die Frau. Schließlich «nimmt er sich sein eheliches Recht», gegen ihren Willen und zur Verzweiflung beider. Die Szene endet damit, daß er sich verwirrt ans Publikum wendet und fragt: «Kann ein Mann seine Frau vergewaltigen?» Die Antwort sollte wohl ein entrüstetes Ja sein, aber die Situation veranschaulicht auch die Verzweiflung, die aus der strengen Forderung folgt, die wir an die Treue stellen – ja selbst Onanie erleben wir als ein Versagen, einen Vorwurf. Also ein weiteres Beispiel für die unmenschliche Willkür der Zweierbeziehung.

Es wird übrigens behauptet, daß die Männer in bestimmten primitiven Stämmen bis zu 5 bis 6 Orgasmen pro Tag haben. Wir haben keinen Grund zu der Vermutung, daß unsere Sexualität geringer ist. Aber – falls diese Behauptungen und Vermutungen richtig sind – was machen wir Männer dann mit all der Sexualität?

O. K., wir wollen abschließend über die QUALITÄT reden. Es ist ja auch in die weibliche Geschlechtsrolle eingepflanzt, etwas mehr fühlen zu dürfen, eine etwas feinere Sinnlichkeit zu haben. Das ist wohl der Hauptgrund dafür, daß Frauen in höherem Maße als Männer eine Qualitätsskala von 1 bis 100 benötigen, wenn sie ihre Orgasmen beschreiben und charakterisieren sollen: «Das war ein 35er Orgasmus, der vorige lag um die 50 – und der beste meines Lebens war 80 bis 85!» ... so in der Richtung kann eine Frau ihre Erlebnisse beurteilen. Wir Männer können ohne weiteres einen Samenerguß ohne ein Lusterlebnis haben, aber in der Regel ist beides identisch und die Qualität kann höchstens auf einer 3er oder 5er Skala unterschieden werden. Weil uns, was die Gefühle betrifft, jedes Feingefühl abgesprochen wird. Wir haben immer noch nicht die Erlaubnis bekommen, uns den Erlebnissen hinzugeben; die Glücklicheren sind ein bißchen auf dem Weg dahin. (Die Sprache ist zu arm, um es zu beschreiben.)

Zusammenfassend möchte ich sagen, daß die Anfangsschwierigkeiten mit dem Orgasmus oft durch Rat und Anweisung geklärt werden können, durch voll akzeptierte Symptombehandlung, durch Antworten des Briefkastenonkels und andere Aufklärung.

Wagen wir uns auf ein anderes Gebiet, für das wir im übrigen die Zeit für reif halten – nämlich die Qualität des Orgasmus – dann geht es um die Entwicklung der ganzen Persönlichkeit. Die ist aber weder durch die Antworten des Briefkastenonkels, durch Beckengymnastik, durch das Finden der Prostata oder das Reiben der Klitoris erreichbar.

Preben Hertoft

Orgasmus und Nähe

Es gibt nur wenig Zweifel,
daß die erogenste Zone
eines Mannes sein Kopf-
inneres ist.
Joyce McDougall

Es ist die Persönlichkeit als solche und nicht vor allem die Sexualtechnik, die die Fähigkeit zu orgastischer Reaktion ausmacht. Besondere Bedeutung haben die Züge der Persönlichkeit, die mit der Fähigkeit, sich in der Beziehung zu einem anderen Menschen sicher zu fühlen, zu tun haben, mit dem Mut, sich hinzugeben und einem andern zu vertrauen und sich abhängig wissen ohne Angst, sich dabei selbst zu verlieren. Also sehr grundlegende Persönlichkeitszüge, die weit in die Kindheit zurückgehen und oft bedingt sind von einer gefühlsmäßig stabilen Beziehung zu beiden Eltern.

Was die Frauen betrifft, so ist bekannt, daß viele es schwer haben, selbst zur orgastischen Reaktion zu gelangen. Für Männer gilt gewöhnlich, daß sie durchaus die eine oder andere orgastische Reaktion erreichen können, diese aber oft als nicht zufriedenstellend und unzureichend erleben.

Im folgenden gehe ich von der Annahme aus, daß viele Männer Probleme mit Intimität, Nähe, mit dem Mut, sich hinzugeben, haben. Vielleicht in noch höherem Grad als Frauen. Und daß das natürlich zwangsläufig ihr orgastisches Erleben prägt. Ist diese Annahme richtig, so folgt daraus natürlich, daß die Männer ein zufriedenstellenderes orgastisches Erleben als das heute für sie mögliche wollen und z. B. ihr technisches Vermögen verbessern oder nach neuen Stimulationsmöglichkeiten suchen. Dabei müssen sie aber auch ihre Beziehung zu Nähe und Intimität überprüfen.

Im folgenden, sehr kurz gefaßten Abschnitt will ich versuchen, das Thema ein bißchen näher einzugrenzen. Für mich besteht kein Zweifel daran, daß beide Geschlechter Probleme mit der Intimität haben. Aber weil das Hauptthema in diesem Buch das Erleben der Männer ist, sind es besonders deren Probleme, die beleuchtet werden sollen.

Der kindliche Orgasmus

Bekanntlich haben Jungen im Säuglingsalter mehrmals am Tag eine spontane Versteifung des Penis, weniger bekannt ist, daß auch Mädchen im Säuglingsalter Klitoriserektionen bekommen, auch gibt es nur vereinzelte Abhandlungen darüber, daß die Scheide schon in diesem Alter feucht werden kann. Stoßweise Bewegungen des Beckens wurde bei acht Monate alten Jungen beobachtet, aber *nur, wenn sie sich ganz geborgen fühlten.* Beischlafimitation gibt es bei beiden Geschlechtern vom zweiten Lebensjahr an.

Während des ersten Lebensjahres kann man bei beiden Geschlechtern täglich mehrmals sekunden- bis minutenlang ein solches Verhalten beobachten, Bewegungen des Beckens, Muskelanspannungen mit nachfolgender Entspannung, also deutlich ein sexuelles Reaktionsmuster.

Schon Kinsey führte an, daß einige Kinder im Alter von drei bis vier Jahren einen Orgasmus haben können und daß beinahe alle Jungen jedenfalls drei bis fünf Jahre vor ihrer Geschlechtsreifung orgasmusfähig sind. Das wurde später u. a. von norwegischen Untersuchungen bekräftigt, die darüber hinaus zeigen, daß sowohl Mädchen wie Jungen multiorgastisch sind, das heißt, die Versteifung geht z. B. beim Jungen nach dem Orgasmus nicht zurück und er kann leicht für einen neuen Orgasmus stimuliert werden. Natürlich ist hier die Rede von «trockenen» Orgasmen, ohne Samenabgang, aber deren Intensität scheint deshalb nicht geringer zu sein. Das weiß man zum Teil von Jungen und Männern, die sich an ihre Orgasmen vor der Geschlechtsreifung erinnern können, zum Teil von Erwachsenen, die sexuelle Beziehungen zu nicht geschlechtsreifen Jungen gehabt haben. Daraus folgt auch, daß Samenabgang und Orgasmus nicht notwendig dasselbe sind, eine Erfahrung, die viele erwachsene Männer auch gemacht haben.

Kinder beginnen frühzeitig zu onanieren, Mädchen oft durch Schenkeldruck, Jungen durch Berühren des Penis. Nach den Aufzeichnungen eines norwegischen Kindergartens onanieren jedenfalls ein Fünftel der Kinder und der norwegische Psychologe Thore Langfeldt gibt an, daß viele Kinder onanieren, ohne einen Orgasmus zu erreichen. Er meint, das läge an einer schlechten Technik oder daran, daß sie zu früh aufhören. Und er findet es verkehrt, daß Erwachsene die Kinder fast nie beim Onanieren unterstützen, so daß die einzige Stütze, auf die «das Kind hoffen kann», von seinen Kameraden kommt. Mehrere Psychoanalytiker behaupten, daß das Verhalten der Mutter in bezug auf die autoerotische Entfaltung des Säuglings – ob sie das Kind gewähren läßt oder versucht, es abzuhalten – von entscheidender Bedeutung für die psychische und dabei auch sexuelle Entwicklung des Kindes ist. Daß das Onanieren ein Glied seines Selbständigwerdens ist. Maria Torok betont z. B., daß die freien, kindlichen Sexualspiele für die Selbstachtung ausschlaggebend sind, daß «die orgastischen Freuden der frühen Kindheit der richtige Weg zur Vorausahnung und Entwicklung der genitalen Geschlechtsreifung sind und damit der ganzen Persönlichkeit, die in der Ausbildung begriffen ist». Von einer «guten Mutter» wird erwartet, daß sie zur Verfügung steht und einige der körperlichen und gefühlsmäßigen Bedürfnisse des Kindes abdecken kann, aber ohne das Kind in Beschlag zu nehmen und dessen Grenzen zu überschreiten. Joyce McDougall drückt das so aus: «Man könnte sagen, es ist eine Frage, inwieweit dem Kind ein zu weiter oder zu enger Spielraum überlassen wird, in dem es seine Psyche entwickeln kann.» Werden weitere Begründungen für diese sehr spannenden analytischen Beobachtungen gewünscht, wird auf die Originalartikel hingewiesen (siehe auch Spitz und Fain). Aber sie sind nicht leicht zugänglich und ihr Verständnis erfordert gewisse Voraussetzungen. Aber auch leichter zugängliche Untersuchungen unterstreichen, daß etwas grundsätzlich Richtiges an diesen Beobachtungen ist. So führt der dänische Psychologe Niels Ernst an, daß es «interessant ist zu erfahren, daß man gerade bei gut entwickelten und mental gesunden Kindern ein klares Interesse für Onanie findet».

Das Onanieren des Jungen nimmt besonders im Alter von sechs bis sieben Jahren zu, ungefähr die Hälfte beginnt demnach vor der Pubertät, während beinahe alle Jungen in und mit der Geschlechtsreife regelmäßig onanieren. Mädchen scheinen weniger zu onanieren und ihr Onanierverhalten ist meist unregelmäßiger. Welche Bedeutung das für ihr Vermögen zum Orgasmus hat, ist ungeklärt, aber gewöhnlich sind Onanierübungen Bestandteil bei der Behandlung unorgastischer Frauen.

Aus dem bisher Gesagten geht hervor, daß die Fähigkeit zum Orgasmus sozusagen seit unserer Geburt besteht. Daß Autosexualität ein wichtiges Glied beim Selbständigwerden und bei der Entwicklung der Persönlichkeit ist. Diese Entwicklung kann leicht durch äußere Umstände gestört werden, entweder auf Grund von Nichtwissen oder weil die Konflikte der Mutter oder anderer nahestehender Personen einen unverhältnismäßigen Einfluß bekommen.

Im folgenden will ich über einige spezielle Typen sexuellen Verhaltens sprechen, das vielleicht die mehr allgemeine Problematik beleuchten kann. Es geht um a) Blitzer und Spanner (Exhibitionisten und Voyeure), b) anonyme sexuelle Kontakte zwischen Männern, und c) gewisse sexuelle Dysfunktionen (= Funktionsstörungen) bei Männern (früher unter der ungenauen Bezeichnung «Impotenz» vereinigt).

Blitzer und Spanner

Der Exhibitionist, der Blitzer, fühlt einen unwiderstehlichen Drang, seine Geschlechtsorgane vorzuzeigen, oft völlig Fremden gegenüber, und erlangt dadurch eine psychische und sexuelle Befriedigung, die er beispielsweise beim Beischlaf nicht erlebt. Dadurch unterscheidet er sich von anderen Männern. Den Exhibitionismus, wie er hier beschrieben wird, gibt es nur bei Männern, keine Frau kann ihren innersten sexuellen Drang durch Vorzeigen der Geschlechtsorgane auslösen.

Die eigentliche sexuelle Befriedigung des Voyeurs oder Spanners wird nicht durch direkten sexuellen Kontakt erreicht, sondern durch das Beiwohnen der sexuellen Entfaltung anderer. Auch das gibt es nur bei Männern. Keine Frau schleicht sich stundenlang herum mit der Hoffnung, einen Mann, der sich auszieht oder ein Pärchen beim Beischlaf zu sehen. Aber einige Männer sind besessen von dem Drang, Frauen oder verliebten Pärchen aufzulauern und sich dadurch einem großen Risiko auszusetzen.

Exhibitionismus und Voyeurismus gehören zu den am häufigsten vorkommenden Vergehen, obwohl nur die wenigsten Fälle, wahrscheinlich nur einige Prozent, bekannt werden. Diese Formen sexuellen Verhaltens können vielleicht als ausgesprochen extreme Beispiele einer verbreiteten Form männlicher Sexualität aufgefaßt werden, wo der sexuelle Höhepunkt durch die gewöhnlich damit verbundene Nähe und Intimität bedroht wird. Möglicherweise können viele Männer, ohne Exhibitionisten oder Voyeure zu sein, einige der eigenen Probleme in diesen nicht seltenen Extremen wiedererkennen?

Anonymer Sex unter Männern

Die männliche homosexuelle Subkultur unterscheidet sich durch einige Verhaltensweisen von der lesbischen, u. a. oft durch die Art, wie der sexuelle Kontakt aufgebaut wird. Dadurch können vielleicht auch einige Geschlechtsunterschiede beleuchtet werden. Anonyme, unverpflichtende Kontakte in Saunas, Parks, am Strand etc. sind für den Aufbau homosexueller Beziehungen bei vielen Männern üblich, Frauen gehen nicht so vor. Damit ist nicht gesagt, daß alle sexuellen Beziehungen unter Männern derart sind. Aber es ist doch ein Geschlechtsunterschied, der zu denken gibt. Und es ist auch keine ausreichende Erklärung, daß die anonymen sexuellen Kontakte der Männer ausschließlich durch gesellschaftliche Sanktionen solchen Beziehungen gegenüber bedingt sind. Zu viele Männer betrachten nämlich diese Kontaktmöglichkeiten als etwas Spannendes, reizvolles, von besonderer Qualität. Und es ist nicht wahrscheinlich, daß solche Kontaktformen in einer Gesellschaft, in der homosexuelle Beziehungen zwischen Männern den heterosexuellen Beziehungen gleichgestellt sind, verschwinden würden.

Man könnte vielleicht wieder behaupten, daß solche Beziehungen durch keinerlei eigentliche Intimitäten charakterisiert sind und keinerlei Verpflichtung beinhalten. Gerade darin liegt vielleicht der Reiz – wohlgemerkt für die Männer, offenbar nicht für die Frauen, abgesehen von Erica Jongs Figuren in ihrem Roman «Angst vorm Fliegen».

Sexuelle Dysfunktionen (= Funktionsstörungen) der Männer

Die gewöhnlichsten sind Erektionsstörungen und zu früher Erguß, seltener nicht eintretender Erguß.

Allen drei Dysfunktionen ist gemeinsam, daß sie gewöhnlich nur in der Beziehung zu einem Partner auftreten und nicht, wenn sich der Mann durch Onanieren einen Samenabgang verschafft.

Alle drei Dysfunktionen kann man auffassen als etwas, wodurch der Mann – natürlich unbewußt – Intimität vermeidet. Was Erektionsstörungen anbelangt, ist das so klar, daß man es nicht weiter zu vertiefen braucht. Aber die beiden andern Dysfunktionen erfordern eine etwas genauere Erklärung.

Männer, die an zu frühem Samenabgang leiden, bekommen oft den Samenabgang, gleich nachdem sie den Penis in die Scheide gesteckt haben, manchmal noch vorher. Sie klagen öfter darüber, daß der damit verbundene Orgasmus unbefriedigend, schwach ist, sie nicht entspannt und löst; der Samenabgang ist oft nur ein Herauslaufen. Zum Vergleich haben sie u. a. den Orgasmus, den sie beim Onanieren haben.

Männer mit verspätetem oder ausbleibendem Samenabgang können sich manchmal stundenlang bemühen, ohne zum Orgasmus zu kommen. Oder sie kommen nur mit großer Anstrengung dahin. Sie sind nicht, wie vielleicht mancher glaubt, die idealen, «aushaltenden» Liebhaber. Ganz im Gegenteil fühlen sich ihre Partner oft gedemütigt und enttäuscht, merken vielleicht trotz allem den Abstand. Lernt man diese Männer näher kennen, geben sie oft zu, daß sie den Sexualakt als bedrohlich und destruktiv empfinden, nicht nur für die Frau, sondern auch für sich selbst.

Von beiden Gruppen, ob der Samenabgang nun zu früh oder zu spät kommt, kann man sagen, daß sie sich, aus Angst vor Konsequenzen, nicht hinzugeben wagen.

Peter und Katarina

Die genannten Probleme sind alle spezieller Art, ungeachtet wie häufig sie vorkommen. Deshalb kann sie auch jeder für sich ablehnen (sich davon distanzieren, könnte man, etwas unfair, sagen).

Aber auch «gewöhnliche» Männer können, wie schon angedeutet, Probleme mit der Intimität haben.

Meiner Meinung nach wird ein solcher Mann in Bergmanns Film «Aus dem Leben der Marionetten» porträtiert. Mit diesem Film habe ich mich schon früher beschäftigt, weil ich eben meine, daß er eine allgemeine Problematik beleuchtet, und ich will mich deshalb hier nicht wiederholen, aber Interessierte auf meinen Artikel hinweisen um insbesondere nachzuprüfen, ob sie meine Hypothesen, nachdem sie den Film gesehen haben, für richtig halten. Kurz gesagt handelt der Film von einer Ehe, in der die Partner sich nicht näherkommen können und wo der Mann, Peter, eine Prostituierte umbringt, die denselben Namen wie seine Frau trägt. Zu seinem Schrekken mußte er erkennen, daß er in seinen Träumen – auch im Wachzustand – dann, wenn sie sich besonders nah waren, den Drang verspürte, seine Frau zu töten. Seine Ohnmacht wird vielleicht dadurch noch deutlicher, weil der Mord eigentlich stellvertretend passiert. Peters destruktive Gefühle sind darauf zurückzuführen, daß er irgendwie genau weiß, daß er es ist, der nicht fähig ist, sich gänzlich hinzugeben, und gleichzeitig wird er von dem Gefühl gequält, daß er ihr Leben nicht erfüllen kann, daß sie ein Leben außerhalb seiner Reichweite hat. Wie kann man sich nahe sein, ohne daß der eine den andern aufsaugt? Wie vermeidet man es, entweder die Entfaltung des andern einzuschränken oder die Gefühle auszuschließen? Durch die Andeutungen, die der Film von Peters Mutter macht, wird vielleicht ein bißchen klar, warum gerade Peter in dieser Problematik festsitzt.

Der Mord an der Prostituierten Katarina wird dadurch ausgelöst, daß er, als er den Pornoclub verlassen will, wo sie die letzten sind und nachdem sie unerwartet zärtlich und liebevoll gewesen ist, entdeckt, daß alle Türen verschlossen sind und er nicht raus kann. Die Katastrophe setzt ein, als er nicht mehr ausweichen kann, der Horror, den wir alle kennen, wird Wirklichkeit. Der Film wird als spezieller Film bezeichnet, Peter als ein Sonderfall hingestellt. Obwohl wir in der Zeitung immer wieder über Mord an Ehefrauen lesen (oft als «unverständlich» bezeichnet), Gewalt in der Ehe ist beinahe eine Banalität, Scheidungen sind häufiger als je zuvor und Zweierbeziehungen werden aus den nichtigsten Gründen aufgelöst. «Hasenherz» nennt John Updike eines seiner Bücher «über einen jungen Ehemann, der immer dann flüchtet, wenn die Forderungen, die an ihn gestellt werden, drohen, ihn einzusperren», wie der Verlag im Klappentext schreibt. Wagen die Frauen nicht, zu fliegen, wagen die Männer vielleicht nicht, zu bleiben, wo sie sind und die Herausforderung anzunehmen?

Die Ehefrau, Katarina, «erklärt» ihre Krise und die daraus folgende Katastrophe damit, daß sie nicht reif und vernünftig sein wollten. Aber was heißt das, reif und vernünftig? Etwas mehr davon später.

Der Preis für Nähe

Die Angst vor Nähe, gleichgültig, ob die Strategie «abweichende» Sexualität, Dysfunktion oder Flucht ist, muß man wahrscheinlich darauf zurückführen, daß das erste Zusammentreffen der Männer mit der Frau in der Kindheit passiert, in der Beziehung zur Mutter, man könnte sagen durch das gegenseitige Besitzverhältnis, das die Mutter-Kind Beziehung mit allen Möglichkeiten für Konflikte und Fehlentwicklungen charakterisiert, die diese Beziehung beinhaltet. Wie der Psychoanalytiker Kernberg meint: «Männer sind vielleicht, bezogen auf ihre Bisexualität, verletzbarer und eher anfällig, eine sexuelle Abnormität zu entwickeln (als Frauen) wegen ihres ursprünglichen, beinahe symbiotischen Verhältnisses mit einer Frau (der Mutter). Ist die Mutter zu beschützend oder erdrückend, hat das Kind keine Möglichkeit der eigenen Entwicklung; ist sie zu kühl und unzuverlässig in ihren gefühlsmäßigen Kontakten, bekommt das Kind nicht die innere Sicherheit, die es im späteren Leben dazu befähigt, einen anderen Menschen unter gleichen Bedingungen anzunehmen.

Damit der Junge zum Mann werden und die Frau lieben kann, muß er seine Mutter aufgeben und sich mit seinem Vater versöhnen. Und die Eltern müssen die Fähigkeit haben, an allen Phasen dieses Prozesses teilzunehmen, ohne das Kind weder in Beschlag zu nehmen noch es unnötig zu frustrieren. Das ist natürlich ein schwieriger Prozeß, den die wenigsten Kinder ohne Narben überstehen, die wenigsten Eltern ohne Skrupel. Wenn diese Entwicklung so einigermaßen glückt, was ja trotz allem ziemlich oft passiert, wird es wie eine Befreiung erlebt, die Hemmungen sind überwunden, die Grenzen überschritten, neue Möglichkeiten öffnen sich. Durch den andern, d. h. durch die Frau, kommt man(n) endlich zu sich selbst. Deshalb der Stolz, deshalb die Dankbarkeit dem Partner gegenüber, deshalb das Gefühl der Unbesiegbarkeit. Deshalb der Zauber des Verliebtseins.

Solange er andauert.

Denn im Kielwasser folgen auch Abhängigkeit, Gebundenheit, die Angst, in Beschlag genommen zu werden. Beide Teile können so allzu schnell etwas voneinander «bekommen», das Marionettenspiel kann in mehr oder weniger dramatischer Form beginnen.

Die Ambivalenz

Was wir alle wissen sollten aber leicht vergessen ist, daß Gefühle ganz oft widersprüchlich sind. Daß das menschliche Gefühlsleben als zweiseitig, ambivalent charakterisiert ist. Ebenso zwischen Mutter und Kind wie zwischen Mann und Frau. Wie Licht und Schatten einander voraussetzen, sind Liebe und Aggression unlösbar verbunden. Das ist eine Grundbedingung, die wir akzeptieren müssen. Glückt es uns nicht, mit unserer Ambivalenz einigermaßen klarzukommen, kann sie alle näheren Beziehungen in unserem Erwachsenenleben bedrohen, besonders natürlich zu dem Partner, aber auch zu den Kindern, Freunden, Arbeitskameraden, überall. Akzeptieren wir die Ambivalenz, sind wir nicht so verletzlich, verstehen besser die Reaktionen der andern, lassen uns weniger von der Kompliziertheit unserer eigenen Gefühle erschrecken, können den Tatsachen besser ins Auge sehen.

Das Problem der Nähe bei vielen Männern hat damit zu tun, daß sie durch die Ambivalenz verwirrt werden, sowohl durch die eigene wie die der andern. Sie wollen einem andern nahe sein, aber nicht gebunden werden. Und sind tief enttäuscht, wenn es dem andern genauso geht. Man könnte auch sagen, sie reagieren wie kleine Kinder es der Mutter gegenüber tun. Für Frauen gilt vielleicht dasselbe. Aber Frauen mußten doch – auch gezwungen durch gewisse Umstände wie Kinder und soziale Abhängigkeit vom Mann – lernen, mit der Ambivalenz zu leben, jedenfalls in der Beziehung zu ihrem Partner, vielleicht nicht so direkt in anderen Beziehungen. Mit den veränderten sozialen Verhältnissen und der größeren ökonomischen Unabhängigkeit ist die Frau von heute weniger davon abhängig, sich nach dem Mann zu richten, stellt aber genau dieselben Forderungen an ihn wie er an sie. «Sie werden wirklich immer mehr zu Männern», heißt es manchmal. «Natürlich», könnte man antworten.

Was beide Teile lernen müssen, wenn sie zusammen leben wollen, ist ein Umgehen mit der Dialektik von Abhängigkeit und Unabhängigkeit. In einer Übergangsphase fällt das natürlich vielen schwer und sie fühlen sich verloren. Und sie sehen sich nach einer Lösung um, die sie mit so wenig Aufwand wie möglich aus diesem quälenden Zustand befreit.

Einige wählen jedesmal wieder die radikale Lösung und gehen auseinander. Was ich nicht bei der einen gefunden habe, kann doch bei der nächsten glücken. Daß sie in der neuen Beziehung leicht in die gleichen Schwierigkeiten hineinlaufen, übersehen sie logischerweise. Der Reinfall mit der vorigen Beziehung liegt ja nicht an ihnen selbst.

Andere bleiben zusammen, mehr oder weniger, um sich gegenseitig zu bewachen. Paßt man nicht genügend auf, wird der andere natürlich bei der ersten besten Gelegenheit abhauen. Das Ergebnis ist dann, daß sie einander verlieren, obwohl sie zusammenbleiben.

Wieder andere hoffen, mit verschiedenen kulinarischen Tricks «das Zusammenleben verbessern» zu können (oder jedenfalls den Orgasmus), als ob da nur ein Gewürz fehlen würde, um ein etwas langweiliges Gericht aufzufrischen.

Ein vierter Lösungsversuch ist das Martyrium; vielleicht tut man sich mit andern Märtyrern zusammen und fühlt sich dadurch ein bißchen stärker. Von da holen viele «Gruppen» einen Großteil ihrer Mitglieder.

Man könnte zahlreiche andere Lösungsversuche anführen. Oft werden mehrere miteinander kombiniert. Und findet man selbst keine Lösung, sucht man vielleicht einen Experten auf, der hoffentlich die Drähte wieder entwirrt, möglichst ohne allzu viele Umstände für einen selbst. Wozu hat man sonst die Experten? Und anscheinend besteht an solchen ja kein Mangel.

Wer verführt wen?

Was haben die Experten anzubieten? Der Italiener Francesco Albertoni, der vor kurzem ein sehr anregendes Buch über Verlieben und Liebe geschrieben hat, hält von Experten nicht sehr viel. Er sagt u. a.: «Sowohl Familientherapeuten wie Liebestherapeuten haben nichts anderes im Sinn, als das ‹und sie lebten glücklich bis ans Ende ihrer Tage› im Märchen, was sie nach allen Richtungen verheißen, als ob es die einfachste Sache der Welt wäre, es zu verwirklichen. Alle Psychologen, Soziologen, verschiedene andere Therapeuten und die Fürsorge machen nichts anderes als nur das eine zu versprechen: das vollkommene und dauernde Glück. Und darin können sie mit den Quacksalbern verglichen werden, die mit ihren kleinen Elixierfläschchen durch Straßen und Märkte zogen und lebenslängliche oder ewige Jugend anboten. Aber ist ewige Jugend biologisch gesehen unmöglich, der reine

Blödsinn, dann gilt dasselbe von der ununterbrochenen Glücksruhe des ‹sie lebten glücklich bis ans Ende ihrer Tage›. Das ist in bezug auf das existentielle Erleben reiner Unsinn.»

Da muß man ihm recht geben. Es gibt keine Experten des Lebens. Aber wer verführt wen? Für eine Verführung sind mindestens zwei nötig.

Vielen Männern und Frauen gemeinsam sind heute Unsicherheit und mangelndes Selbstvertrauen. Allzu viele verlassen sich zu wenig auf sich selbst und sehen die Aussagen von sogenannten Experten als absolut gültig an in Bereichen, wo es keine Experten gibt. Aber wir kommen nie darum herum, selbst auszuprobieren, inwieweit die Aussagen und Gebote anderer mit unseren eigenen Erfahrungen und Bedürfnissen übereinstimmen.

Will man in dieser Welt zurechtkommen, ist es notwendig, selbstständig zu sein, was ja nicht gleichbedeutend mit sich-selbst-genug-sein ist. Man muß die Aussagen anderer darüber, was gut oder schlecht, richtig oder falsch ist, mit großzügigem Skeptizismus betrachten (im Gegensatz zu kleinlicher Ablehnung oder naivem Enthusiasmus). Aber die Fähigkeit zur Selbständigkeit ist ja nichts Isoliertes, was man plötzlich erwerben kann, weder in bezug auf das Sexuelle, noch als Ganzes.

Gibt es da überhaupt keine Hilfe? Das kommt natürlich darauf an, was man unter Hilfe versteht und womit man sich zufriedengibt.

Therapie für gemeinsames Leben

«Liebestherapeuten» nannte sie Albertoni, und man muß ihm darin recht geben, daß man sich keine Hoffnung machen sollte, sie zu finden. Gibt sich einer für einen solchen aus, soll man ihm keinen Glauben schenken. Aber wollen das diese sogenannten «Therapeuten für gemeinsames Leben» auch wirklich sein? Manche vielleicht. Aber zum Glück nicht alle. Für jede ordentliche Therapie gilt, daß man den Menschen nur zu etwas größerer Selbsteinschätzung verhelfen kann, und daß sie dadurch befähigt werden sollen, mit den notwendigen Entscheidungen besser zurechtzukommen und dazuzustehen, oder jedenfalls ein bißchen mehr darüber zu wissen, warum sie das alles nicht schaffen. Therapien sind keine Glücksrezepte; die einfachen Lösungen und die schönen Abkürzungen gibt es nicht.

Die Probleme, die ich in diesem Kapitel versucht habe anzureißen, sind solche, wie sie sowohl im persönlichen Leben wie in der Therapie vorkommen. Man kann sich deshalb darüber wundern, daß sich überhaupt jemand mit so was wie z. B. einer «Therapie für gemeinsames Leben» beschäftigt. Eigentlich ist das doch sehr gewagt. Und nur, weil der Therapeut trotz allem manchmal erlebt, daß er ein wenig weiterhilft, einen Schubs gibt, dort einige Steine wegräumt, wo sie selbst es nicht schaffen, um neue Kräfte zu bekommen und neue Anregungen annehmen zu können – nur das bringt ihn dazu, immer wieder den Mut aufzubringen, sich auf etwas so Vermessenes wie eine Therapie für gemeinsames Leben einzulassen.

Diese Therapeuten bekommen oft zu hören, daß sie auf die Zweierbeziehung festgelegt sind und andere Lebensformen verneinen und so dazu beizutragen, eine überlebte, unbefriedigende Lebensweise aufrechtzuerhalten. Ob diese Kritik berechtigt ist, sollen andere entscheiden. Aber es ist ja nicht der Therapeut, der die Zweierbeziehung als Rahmen für das menschliche Leben wählt. Entscheidend ist, was die Menschen, die Hilfe suchen, mit ihrem Leben wollen. Und es ist wohl immer noch so, daß die meisten Menschen trotz aller Schwierigkeiten keine Alternative zur Zweierbeziehung sehen. Aber sie entdecken vielleicht, daß eine Zweierbeziehung eine dauernde Herausforderung ist, und nichts Statisches. Ihr Gesetz ist Veränderung, sie muß sich andauernd bewähren. Das erfordert Großzügigkeit und Geduld, Offenheit, aber keine inquisitorischen Zwänge. *Intimität und Distanz sind komplementäre Größen.*

Kernberg drückt diese Erkenntnis folgendermaßen aus: «Intimität und Taktgefühl sind zwei wesentliche Bestandteile für eine reife Liebesbeziehung, sie sind die beste Voraussetzung dafür, daß die Beziehung in der Lage ist, sowohl Sexualität und Liebe auszudrücken und gleichzeitig Aggressivität enthalten und neutralisieren kann.»

Der Dichter Kahlil Gibran sagt, frei übersetzt, fast dasselbe:

«Haltet Abstand in eurem Zusammensein
und laßt Platz zwischen euch für des Himmels Blau.

Liebt euch, aber macht die Liebe nicht zum Zwang:
Lieber soll sie sein ein bewegtes Meer zwischen eurer Seele Küsten.
Schenkt euch ein, aber trinkt nicht aus derselben Tasse.

Biete dem andern dein Brot, aber esse nicht vom selben Stück.
Singt und tanzt zusammen und freut euch, aber ihr müßt auch getrennt sein können,
ganz wie die Saiten der Laute getrennt sind und doch zusammen die Musik hervorbringen.

Schenkt euch eure Herzen, aber nicht euren Besitz.
Denn eure Herzen kann nur die Hand des Lebens umfassen.
Steht zusammen, doch kommt euch nicht zu nah:
Denn die Säulen des Tempels sind jede für sich,
Und Eichen und Zypressen wachsen nicht im Schatten voreinander.»

Und wo bleibt der Orgasmus?

Ja, wo bleibt der Orgasmus? Hat er in diesem Zusammenhang seine Bedeutung verloren? Er gehört natürlich nach wie vor dazu, aber nicht als isolierte Thematik. Es stellt sich ja die Frage, ob es letztendlich der Orgasmus ist, den die Menschen suchen, oder etwas anderes. Der mangelhafte Orgasmus ist ja bloß ein Symptom, Ausdruck eines Verlangens. Aber wonach?

Kernberg gibt da vielleicht eine Antwort: «Das sexuelle Erleben behält seine zentrale Rolle in Liebesbeziehungen und dem ehelichen Zusammenleben. Unter idealen Umständen wird die Intensität des sexuellen Genusses von einer ständigen Erneuerung begleitet, die nicht in der mechanischen Besonderheit der sexuellen Übung liegt, sondern auf der intuitiven Fähigkeit des Paares beruht, die wechselnden Bedürfnisse und Erfahrungen in das komplexe Netz einflechten zu können, das aus heterosexuellen und homosexuellen, liebevollen und aggressiven Elementen besteht, so daß sie in unbewußten und bewußten Phantasien aufgehen und in der sexuellen Beziehung verwirklicht werden.»

Die Fragen, inwieweit Klitoris oder Vagina die wesentliche Rolle für den Orgasmus der Frau spielen oder ob das Orgasmuspotential der Männer komplexer ist als angenommen, sind durchaus legitim. Auch wert, sich damit zu befassen. Aber sie können nicht isoliert beantwortet werden und sie dürfen nicht andere, mindestens genauso wichtige Fragen überdecken, wenn diese anderen Fragen auch noch so schwierig zu beantworten sind. «Poeten der Kamera fotografieren, um nicht zu sehen», sagt Erik Knudsen. Im übertragenen Sinne ist dieses Verhalten weit verbreitet.

Die sexuelle Vereinigung ist eine Möglichkeit für Transzendenz, Vergessen, Erleben der Ewigkeit. Aber ohne sich selbst zu kennen, kann man nicht auf den andern zugehen. Intimität setzt Identität voraus. Man muß bei sich selbst anfangen, den inneren Dialog am Leben erhalten, die Kompliziertheit seiner Gefühle akzeptieren. Das Verwechseln von Sentimentalität und Gefühl ist kein guter Ausweg. Andere Menschen können einem bei diesem Erkenntnisprozeß, der endlos ist, helfen, durch ihre Liebe, ihre Nachsicht, ihren Glauben, aber auch durch die Forderungen, die sie mit Recht an einen stellen. Auch durch die Kunst ist es möglich, sich kritischer zu sehen. Und ein Therapeut kann manchmal hilfreich sein. Aber die Arbeit selbst kann kein anderer übernehmen, das muß man selbst tun. Und die Fallgruben sind zahlreich.

Erik Knudsen soll das letzte Wort haben:

«Es gibt viele Wege und Umwege.
Probier sie aus.
Es sind die Ergebnisse anderer. Übe dich.
Du bist nicht so groß, daß du nicht lernen könntest.
Du bist nicht so klein, daß es vergebens wäre.
Du mußt genausoviel arbeiten mit deinen
Fähigkeiten wie mit dir selbst.
Das erste ist interessant:
Du mußt am meisten an dir selbst arbeiten.»

Frede Bro-Rasmussen

Die Anatomie des männlichen Orgasmus

Der Orgasmus kann als eine physiologisch-anatomische Reaktion auf adäquate sexuelle Stimuli beschrieben werden, deren Verlauf sowohl von psychologischen wie sozialen Faktoren abhängig ist. Die Reaktion hat in ihren Grundzügen einen gleichmäßigen und charakteristischen Ablauf, aber mit bedeutenden individuellen Variationen im Hinblick auf Erlebnischarakter, Intensität und zeitmäßigen Verlauf.

Es ist eine Reaktion, die den ganzen Körper erfaßt, selbst wenn Männer den Orgasmus oft oberflächlicher als Frauen erleben, wenn sie zum Beispiel fixiert sind auf das männliche Glied und den Erguß und nicht auf ein sich auf den ganzen Körper fortpflanzendes «mystisches, überwältigendes Ganzheitsempfinden – nuanciert und differenziert», «wie bebendes Protoplasma» (Wilhelm Reich) mit momentaner Totalabschaltung des gewöhnlichen Bewußtseins.

Oft erfolgen *Orgasmus und Samenerguß gleichzeitig.* Doch ist es wichtig darauf hinzuweisen, *daß Orgasmus und Samenerguß nicht notwendig dasselbe sind,* selbst wenn die Ausdrücke oft synonym gebraucht und von vielen auch so aufgefaßt werden. In dieser Beziehung wird man vielleicht auch die Erklärung des Mythos finden, daß der männliche Orgasmus eher physisch-mechanisch geprägt ist als das gefühlsmäßige Reaktionsmuster der Frauen. Die Männer haben es so leicht, zum Samenerguß zu kommen, daß man den männlichen Orgasmus als Selbstverständlichkeit betrachtet hat. Männer klagen über vorzeitigen Samenerguß und/oder über erektive Impotenz. Es ist selten, daß sie darüber klagen, keinen Orgasmus zu haben; sie klagen selten über das, was Wilhelm Reich orgastische Impotenz nennt (= mangelnde Fähigkeit «zur Hingabe an das Strömen der biologischen Energie ohne jede Hemmung, die mangelnde Fähigkeit zur Entladung der hochgestauten

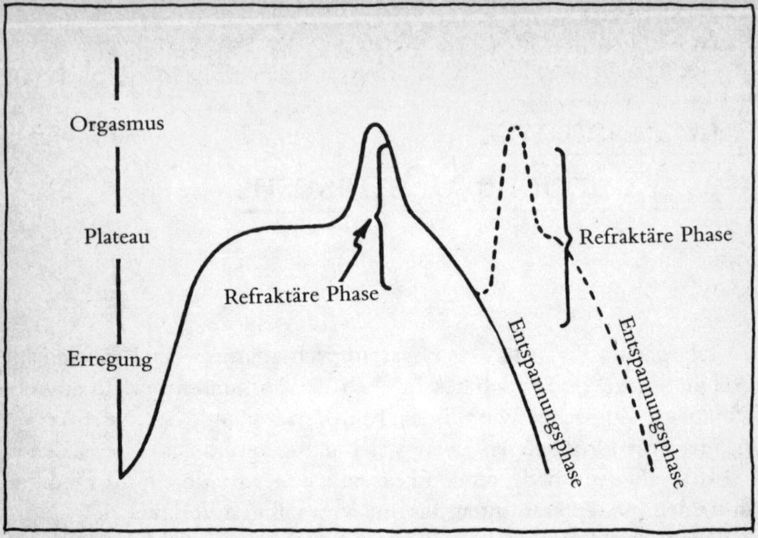

Abb. 1: Schematische Darstellung des männlichen Reaktionsablaufs bei sexueller Erregung. Die gestrichelte Linie gibt an, daß bei jungen Männern das Intervall (die refraktäre = reizunempfindliche Phase) bis zur Auslösung eines neuen Orgasmus kurz sein kann. (Nach Masters & Johnson, 1966)

sexuellen Erregung durch unwillkürliche, lustvolle Körperzuckungen»).

Wir können in gewissem Umfang die physiologisch-anatomischen Reaktionen während des Orgasmus messen und registrieren, aber wir können nicht das Erlebnis des Orgasmus messen – und welche Relation gibt es zwischen unseren Meßwerten und dem Erlebnis eines Menschen? Darüber wissen wir nur wenig oder nichts. Das Orgasmuserlebnis wird notwendigerweise auch von den begleitenden äußeren und psychischen Umständen gefärbt. Unsere Messungen und Aufstellungen werden gewöhnlich unter standartisierten Laborbedingungen und/oder unter standartisierten Versuchsbedingungen vorgenommen – wie wirken diese äußeren Bedingungen auf das Erlebnis ein? Die Versuchsperson(en) kann (können) nur – und das auch nur ungenau und unvollständig – auf eigene frühere Erlebnisse zurückgreifen, und diese im Verhältnis zu den «Laborerlebnissen» bewerten.

Durch Messungen und Tabellen ist man zu einer praktisch anwendbaren Beschreibung der Reaktion der Geschlechtsorgane und des ganzen Körpers auf sexuelle Stimulation gekommen. Die Beschreibung basiert im Wesentlichen auf den Untersuchungen von William Masters und Virginia Johnson mit einer Unterteilung des sexuellen Ablaufs in vier willkürliche Phasen: eine Erregungsphase, eine Plateauphase, eine Orgasmusphase und eine Entspannungsphase (Abb. 1). Man muß hier allerdings beachten, daß es sich um Generalisierungen mit großen individuellen Variationen handelt – ein Vorbehalt, den auch Masters und Johnson machen. Die Beschreibung muß als ein Versuch betrachtet werden, biologische Fakten von pseudowissenschaftlichen Hypothesen abzugrenzen, von Romanhaftem und «männlichen Verdiensten und Leistungen». Darin liegt der Wert der Beschreibung.

Anatomie der Fortpflanzung

Um die einzelnen Phasen des Orgasmus zu verfolgen, sollen die männlichen Fortpflanzungsorgane und die übrigen für das Verständnis wichtigen anatomischen und funktionellen Zusammenhänge kurz beschrieben werden.

Zu den männlichen Geschlechtsorganen gehören die Geschlechtsdrüsen, die Samenwege, die akzessorischen Geschlechtsdrüsen und das männliche Glied mit den dazugehörigen Muskeln, Gefäßen und Nerven.

Die Geschlechtsdrüsen (Testes, Testikel, Hoden, Eier) sind taubeneiergroß (2 × 3 × 4 cm) und wiegen zusammen 25 bis 30 g. Sie bestehen aus langen, stark gewundenen Samenkanälen, wo die Samenzellen (Samenfäden, Spermatozoen) gebildet werden. Zwischen den Samenkanälen liegen eine Menge Zellen, die das Geschlechtshormon Testosteron produzieren, das für die sogenannten sekundären Geschlechtsmerkmale verantwortlich ist (Stimmlage, Haarwuchs, Fettverteilung usw.). Die samenproduzierenden Kanäle in den Hoden gehen weiter in die Nebenhoden (Epididermis), etwa kleinfingergroße Organe, die hinten oben am Hoden liegen. Sie bestehen aus je einem stark gewundenen zusammengerollten Kanal von 5 bis 6 m. In den Nebenhoden werden die Samenfäden zwischen Produktion und Entleerung aufbewahrt und reifen dort aus.

Die Hoden und die Nebenhoden liegen im Hodensack (Scrotum),

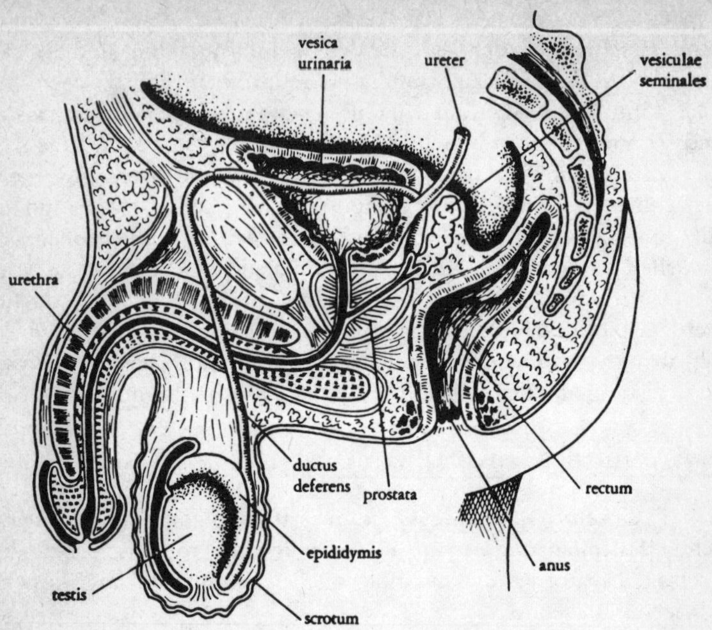

Abb. 2: Schematischer «Schnitt» durch das männliche Becken (nach A. Kehler, 1978).
Testis = Testikel; scrotum = Hodensack; epididymis = Nebenhoden; ductus deferens = Samenleiter; prostata = Vorsteherdrüse; anus = Mastdarmöffnung; rectum = Mastdarm; vesiculae seminalis = Samenblase; ureter = Harnleiter; vesica urinaria = Harnblase; urethra = Harnröhre.

einem in zwei Hälften geteilten Hautsäckchen. Die Haut ist gerunzelt, dünn und sehr empfindlich. An der Wand des Säckchens liegt ein Muskel, der die Größe des Säckchens und die Lagerung der Hoden verändern kann. Der Muskel unterliegt nicht der Willenskontrolle.

Das Kanalsystem in den Nebenhoden setzt sich in den Samenleitern (ductus deferentes, vasa deferentia) fort in den Hodensack und in die Bauchhöhle durch den Leistenkanal, weiter zur Rückseite von Blase und Vorsteherdrüse (Prostata). Die Samenleiter gehen zusammen mit den Ausführungsgängen von den Samenblasen (vesiculae seminales) durch die Vorsteherdrüse und münden mit dieser in die Harnröhre

(Urtethra). Die Samenblasen sind kleine sackförmige Drüsenorgane, die den Samen zusammen mit dem Sekret der Vorsteherdrüse während des Samenabgangs (Ejakulation) in die Harnröhre entleeren. Das Sekret der Samenblasen ist recht zäh, das der Vorsteherdrüsen etwas weniger. Die Vorsteherdrüse ist eine kastaniengroße Drüse, die reichlich Muskelgewebe enthält. Sie umschließt den oberen Teil der Harnröhre. Ein Schließmechanismus verhindert, daß der Samen in die Blase dringt.

Der Samen besteht, außer den Spermatozoen und Sekreten von Samenblase und Vorsteherdrüse, aus Sekreten von einer Menge kleiner Drüsen entlang der Harnröhre. Bei einer Samenentleerung gehen 1 bis 5 ml Samenflüssigkeit mit 40 bis 100 Millionen Spermatozoen pro ml ab.

Das letzte Stück der Harnröhre verläuft im männlichen Glied (Penis) und mündet in dessen Spitze (Eichel). Im Penis ist die Harnröhre von sogenannten erektilem Gewebe (Schwellkörper) umschlossen. Erektiles Gewebe gibt es auch in der Eichel. Dieses Gewebe ist wie ein Pilz aufgebaut. Bei sexueller Erregung werden die Hohlräume in jenem Gewebe auf Grund erhöhter Blutzufuhr und gehemmtem Blutrückfluß mit Blut gefüllt, wodurch der Penis größer, steifer und härter wird. Die Haut des Penis ist dünn und leicht verschiebbar. Während das männliche Glied und der Hodensack stark empfindlich für sexuelle Erregung sind, sind Vorsteherdrüse, Samenblasen und Samenleiter nur wenig empfindlich.

Erektion und Ejakulation

Die Erektion ist nicht dem Willen unterworfen. Erektionen gibt es vom Säuglings- bis zum Greisenalter, im wachen wie im schlafenden Zustand. Erektive Störungen sind in der Regel psychogener Art (Angst, Schuldgefühle, Angespanntheit, bewußte oder unbewußte negative Einstellung usw.). Die Stimuli, die eine Erektion hervorrufen, können sowohl direkt wie indirekt sein, reflektorisch oder psychogen. Gehörs-, Gesichts-, Geruchs-, Geschmacks-, und Berührungseindrücke können, ebenso wie Phantasien und sexuelle Vorstellungen, eine Erektion hervorrufen. Die gesamte Körperoberfläche kann erotische Bedeutung haben und sich zu erogenen Zonen entwickeln. Tabus und kulturelle Faktoren spielten und spielen zweifellos eine Rolle für die

Entwicklung. Von den erogenen Zonen kann der Bereich zwischen den Geschlechtsorganen und dem Mastdarm (Damm, Perineum) hervorgehoben werden. Tiefe Penetration (penetrieren = durchbohren, durchdringen) des Mastdarms (Rectum) kann ausgesprochenes sexuelles Lustgefühl hervorrufen, verursacht durch zahlreiche tief im Perineum lokalisierte Rezeptoren. Die Öffnung des Mastdarms (Anus) ist bei einigen Menschen stark sexuell empfindlich, bei anderen nicht. Die Muskulatur im Genital- und Mastdarmbereich ist eng verbunden und reagiert oft synchron (siehe später). Umgekehrt können reflektorische Kontraktionen der Muskulatur Reaktionen in Organen wie Kehle, Nasenflügel bewirken, tiefes Einatmen und Spannungen im Zwerchfell verursachen. Zunge, Lippen und die ganze Mundhöhle sind wesentliche erogene Zonen. Außerdem muß die Gesäßregion genannt werden. Viele Männer kontrahieren willkürlich die Gesäßmuskulatur, um das sexuelle Lustgefühl zu erhöhen. Vor und während des Orgasmus werden diese Muskeln kontrahiert. Wie erwähnt, kann die ganze Körperoberfläche von erotischer Bedeutung sein, allein oder zusammen mit anderen Liebkosungen und im richtigen psychischen Zusammenhang. Sexuelle Erregung und Auslösung sind nicht von genitaler Stimulation abhängig und nicht begrenzt auf genitale Reaktionen.

Der Ejakulationsreflex kann von den meisten Männern bis zu einem gewissen Grad beherrscht werden. Er wird von einem Zentrum im Rückenmark ausgelöst, einem Zentrum, das sowohl fördernden wie hemmenden Impulsen des Gehirns unterworfen ist. Durch elektrische Stimulation des Gehirns kann Ejakulation hervorgerufen werden, ebenso wie Männer mit Hilfe der Phantasie Samenerguß ohne gleichzeitige periphere Stimulation erzeugen können. Furcht und Phantasie können die Ejakulation trotz adäquater Stimulation hemmen. Die Ejakulation selbst besteht aus zwei Phasen:

1. Eine innere (Emission), die durch Zusammenziehungen von Samenstrang, Samenblasen, Vorsteherdrüse und dem inneren Teil der Harnröhre erzeugt wird. In dieser Phase wird die Harnröhre gegen die Blase abgeschlossen.

2. Eine äußere, wobei der Samen durch den Penis ausgestoßen wird. Zwischen den zwei Phasen vergehen 1 bis 3 Sekunden. Wenn die erste Phase eingeleitet ist, kann der Mann die Ejakulation willensmäßig nicht mehr länger zurückhalten. Die Samenentleerung selbst ist mehr oder weniger stark lustbetont. Sie passiert mit Hilfe von Kontraktio-

nen in der Harnröhre und der Muskulatur um die Geschlechtsorgane (siehe später).

Die Bedeutung des Beckenbodens

Es wurde die Muskulatur im Genitalbereich genannt. Ganz allgemein sind hier die Muskeln des Beckenbodens gemeint, d. h. die Muskulatur um die Schwellkörper des Penis.

Der Beckenboden trägt und stützt die Organe im Becken und läßt einen Durchgang für Harnröhre und Mastdarm (bei Frauen gleichzeitig für die Vagina). Der Beckenboden kann durch Kontraktionen die Organe verschließen, die durch ihn hindurchgehen.

Der Beckenboden macht einen Teil der Begrenzung der Bauchhöhle aus. Das ist ein geschlossener Raum, nach oben abgeschlossen zur beweglichen Brusthöhle des Zwerchfells, nach vorn und seitlich von den Bauchmuskeln, nach hinten zur Wirbelsäule mit Muskeln, nach unten zum Becken und den Muskeln des Beckenbodens. Das bedeutet, daß die Bauchhöhle von allen Seiten mit Muskeln umgeben ist – von Skelettmuskeln, auf die wir willkürlichen oder willensmäßigen Einfluß haben, im Gegensatz zu den Muskeln der Eingeweide (in diesem Zusammenhang die Muskulatur im Samenstrang, in den Samenblasen und der Vorsteherdrüse). Wir können sie bewußt anspannen und entspannen – wir können sie trainieren und durch Training stärken, sonst werden sie schlaff und verkümmern mehr oder weniger.

Alle Skelettmuskeln sind im Ruhezustand leicht angespannt. Die Muskeln, die die Bauchhöhle umgeben, schaffen dadurch einen Überdruck in der Bauchhöhle. Ein Druck, der sich synchron mit dem Atemholen verändert; diese dauernde Druckänderung unterstützt den Blutfluß von Beinen, Beckenhöhle und Bauchhöhle zum Herzen. Wir haben Muskeln, die Glieder bewegen, das Resultat sehen wir an deren Funktionen. Wir haben auch Muskeln, die keine Glieder bewegen und die wir auch nicht sehen können, sondern nur durch ein «Muskelgefühl» spüren. Letztgenanntes gilt für die Muskeln im Beckenboden. Ein schlaffer oder ein durch Geburten geschwächter Beckenboden ist die Erklärung für Fälle von unfreiwilligem Wasserlassen (Inkontinenz) und für eine Senkung der Unterleibsorgane der Frau. Außerdem wird immer mehr die Bedeutung des Beckenbodens für den Orgasmus der Frau hervorgehoben. Der Beckenboden hat kaum Bedeutung für unfreiwilliges Wasserlassen beim Mann. Über die Bedeutung der eigentlichen Beckenbodenmuskulatur für den männlichen Orgasmus wissen wir sehr wenig. Wir wissen, daß dort mit steigendem sexuellen Lustgefühl unwillkürliche Muskelkontraktionen auftreten, die sich gradweise erhöhen und sich beim Orgasmus von den Genital- und Beckenbodenmuskulatur bis zur ganzen Skelettmuskulatur ausbreiten. Die Bewegungen sind rhythmisch und wellenförmig. Bei unterbrochenem Geschlechtsverkehr (coitus interruptus) werden die Bewegungen krampfartig und verlieren ihre charakteristische Wellenbewegung. Muskelkontraktionen zeigen individuell ein recht konstantes Muster, variieren aber von Person zu Person. Die Bedeutung eines schlechten, das heißt schlaffen, untrainierten Beckenbodens in diesem Zusammenhang ist unbekannt.

Wie gesagt, gehören zum Beckenboden Muskeln, die die Schwellkörper umschließen (musculi ischiocavernosi und musculus bulbocavernosus). Sie scheinen ohne Bedeutung für die Erektion, sind aber aktiv bei der Ejakulation.

Die Phasen der Sexualität

Wie schon erwähnt, haben Masters und Johnson den sexuellen Verlauf in vier Phasen unterteilt mit einer Beschreibung der Reaktion der Geschlechtsorgane und des ganzen Körpers während einer sexuellen Stimulation. Bei ihrer Unterteilung sind die wesentlichen körperlichen Veränderungen einigermaßen in der auftretenden Reihenfolge angeführt, obwohl mehrere simultan verlaufen. Es wird von einem kontinuierlichen Verlauf mit sanften Übergängen gesprochen. Die Länge der Phasen (abgesehen vom Orgasmus) ist individuell und von Situation zu Situation stark wechselnd.

Die *Erregungsphase* ist durch physische oder psychische Stimulation bedingt. Die Phase kann verkürzt oder beschleunigt oder umgekehrt verlängert oder abgebrochen werden. Der Penis erigiert (die Leichtigkeit des Vorgangs nimmt oft mit dem Alter ab), der Hodensack schrumpft und die Wände verdicken sich. Die Hoden schwellen wegen der erhöhten Blutzufuhr etwas an, sie werden zum Damm hin angehoben (es scheint eine Verbindung zu bestehen zwischen der Stärke des Orgasmus und der völligen Anhebung der Hoden). Die Brustwarzen können sich versteifen. Puls, Blutdruck und Atemfrequenz erhöhen sich unterschiedlich, selbst bei derselben Person mit demselben Partner oder bei der Masturbation, ohne daß diese Veränderungen in Relation zum Orgasmuserleben gebracht werden können. Abhängig von äußeren Umständen (Wärme, Kälte) und psychischen Verhältnissen tritt eventuell Haut- oder sexuelles Erröten (sex flush) auf, ausgehend vom Zwerchfell und sich ausbreitend über die vordere Brustwand.

Die *Plateauphase* ist charakterisiert durch erhöhte sexuelle Erregung und maximale Durchblutung der Geschlechtsorgane. Die Erektion wird maximal, besonders die Eichel spannt sich und wird dunkel purpurrot. Gleichzeitig kann mit ein paar Tropfen schleimiger klarer Flüssigkeit aus den Drüsen entlang der Harnröhre eine Befeuchtung erfolgen. Die Größe der Hoden erhöht sich um 50% und sie ziehen sich ganz hinauf zum Damm. Puls, Blutdruck und Atemfrequenz erhöhen sich noch mehr, dasselbe gilt eventuell für das Erröten, das sich progressiv auf Gesicht und Nacken ausbreiten kann. Es erfolgen Muskelanspannungen an Gesicht, Brust, Bauch, Gesäß und der Muskulatur der Extremitäten. Die Bewegungen beim Geschlechtsverkehr werden immer unwillkürlicher und schneller.

Der *Orgasmus* mit dem Höhepunkt des sexuellen Lustgefühls erfolgt unter mehr oder weniger starker Ausschaltung des Bewußtseins – manchmal so, daß das Geschehene nicht erinnerlich ist. Die erste Phase der Samenentleerung (Emission) beginnt mit rhythmischen Zusammenziehungen (Kontraktionen) in Samenstrang, Samenblase und Prostata. Der Mann kann die Samenentleerung nicht länger zurückhalten. In der zweiten Phase wird der Samen in drei bis sieben Stößen ausgestoßen, begleitet von ungewollten, rhythmisch synchronen Zusammenziehungen der Beckenbodenmuskulatur, der Mastdarmmuskulatur und der Harnröhre. Auf die Samenentleerung können geringere Zusammenziehungen im Penis erfolgen. Die Atemfrequenz nimmt weiter zu bei maximalem Anstieg von Puls und Blutdruck begleitet von Spasmen (krampfartige Zusammenziehungen) der Gesichtsmuskulatur und der Extremitäten. Eventuell entstehendes Erröten erreicht ebenfalls den Höhepunkt – in entsprechender Umgebung und unter entsprechenden Umständen kann dies beinahe wie Masern aussehen. Es wird starker Schweißausbruch beobachtet und eventuell werden verschiedene Laute und Grunzer ausgestoßen. Das subjektive Lustgefühl zentriert sich oft um Penis, Hoden oder Prostata.

Mit der *Entspannungsphase* ist ein allgemeiner physischer und motorischer Spannungsabfall verbunden, mit behaglicher Müdigkeit und nicht selten auftretendem Schlafbedürfnis. Das Lustgefühl und die Zufriedenheit sind abhängig vom motorischen Ablauf und der vollständigen «Entladung» der Muskelspannungen. Die Blutfülle in den Genitalien nimmt rasch ab, die Erektion verschwindet (kann sich bei jüngeren Männern halten). Die Hoden kehren in die Ruhephase zurück, die Erektion der Brustwarzen verschwindet und Puls, Blutdruck und Atmung werden schnell wieder normal. Gleich nach dem Orgasmus kann es eine kurze Periode mit erhöhter Berührungsempfindlichkeit geben. Starker Schweißausbruch ist möglich. Nach dem Orgasmus ist der Mann nicht imstande, vor Ablauf einer kürzeren oder längeren Periode (refraktäre = reizunempfindliche Phase) einen neuen Orgasmus auszulösen. Diese Periode nimmt mit dem Alter zu.

Alles in allem kann man feststellen, daß der Orgasmus eine umfassende und komplizierte psychosomatische sexuelle Reaktion mit vielen individuellen, sozialen, kulturellen und medizinischen Aspekten ist, mit denen man sich auf Grund vieler sexueller Tabus (und Mythen) wissenschaftlich ernsthaft erst in den letzten Jahrzehnten beschäftigt hat. Deshalb überrascht es nicht, daß immer noch großes Unwissen und große Unklarheit auf diesem Gebiet herrschen – oft direkt Hilflosigkeit bei Problemen im Verstehen und Behandeln von Funktionsstörungen und Orgasmusschwierigkeiten. Diese Probleme – und derer gibt es viele – werden wegen der zunehmenden Aufklärung und Offenheit in bezug auf sexuelle Fragen immer aktueller – und sie werden sich als noch größer erweisen, wenn sich der Mann aus seiner sagenumwobenen traditionellen Sexualität und seiner traditionellen Männerrolle «herausentwickelt».

Gorm Wagner

Die Physiologie und die Sexualfunktion des Mannes

Die Physiologie beschäftigt sich mit den normalen Funktionen des Organismus und beschreibt diese qualitativ und quantitativ. Sie bildet eines der großen Fächer im Grundstudium der Ärzte, da sie die Grundlage für das Verständnis der kranken (pathophysiologischen) Mechanismen ist.

Unser Wissen über die Funktion der Geschlechtsorgane als Fortpflanzungsorgane basiert auf einer jahrzehntelangen intensiven Forschung sowohl im Labor wie am Krankenbett. Dafür stand in derselben Zeit die Funktion dieser Organe als Geschlechtsorgane im Hintergrund.

Deshalb haben wir zu Beginn der 80er Jahre nur ein unvollständiges Wissen über den Erektionsmechanismus, die Steuerung des Samenabgangs und den Samentransport. Genauso unzureichend ist der wissenschaftliche Einblick in die psychophysiologischen Beziehungen wie z. B. die Beziehung zwischen Erlebnis und Samenabgang.

Das große Interesse der 60er und 70er Jahre dafür, wie Menschen sexuell miteinander agieren (und nicht agieren), hat inzwischen einen größeren Wissensbedarf über diese Themen u. a. auch bei Ärzten erzeugt. Deshalb war es in den letzten fünf bis acht Jahren möglich, gewisse Forschungsprojekte auf die Beine zu stellen.

Im folgenden soll versucht werden, einige Aspekte dieses Wissens zu erläutern.

Physiologie der Penisaufrichtung

Das Aufrichten des männlichen Gliedes (Erektion) kann von einer Reihe äußerer Reize (Sinneseindrücke) wie Anblick, Geräusch und Geruch oder von Phantasiebildern hervorgerufen werden. Alle diese bedingenden Reflexe gehen durch das Gehirn und werden durch das Rückenmark an die peripheren Nerven weitergeleitet, die in Verästelungen um die Muskelzellen enden, wo sie in und um die Gefäße die Durchblutung des Penis regulieren. Diese Form der Erektion wird als *psychogen* bezeichnet, weil das Gehirn (bewußt oder unbewußt) beteiligt ist.

Im Gegensatz dazu spricht man von der *reflexogenen* Erektion, die in reiner Form nur auf Rückenmarksniveau vor sich gehen kann. Der Reflex wird durch Berührungen im Hautbereich der Geschlechtsorgane und ihrer Umgebung, an der Mastdarmöffnung und an der Innenseite der Oberschenkel, ausgelöst. Dieses Bereiche haben Verzweigungen der gleichen Sinnesnerven, die Erregungen in den untersten Teil des Rückenmarkes leiten. Hier werden die Erregungen (mit oder ohne Ausbreitung zu höher liegenden Teilen im Rückenmark) an die motorischen Nerven weitergeleitet, die im kleinen Becken liegen und die Bereiche versorgen, die eine Erektion erzeugen.

Das Zusammenspiel der beiden Systeme beim normalen Mann ist bekannt, auch wenn man nicht weiß, wie und in welchem Grad fördernde und hemmende Reize auf die genannten Nervenfunktionen einwirken können. Das ist in der Abbildung (Abb. 1) durch Fragezeichen markiert, da wir vom Reizverlauf in den verschiedenen Rückenmarksnervenleitungen beim Menschen nichts wissen und auch beim Tier nur wenig.

Aber daß die zwei Reflextypen existieren, weiß man sehr genau aus einigen grausamen Experimenten der Natur, die man studieren konnte. Wenn das Rückenmark ganz oben unterbrochen wird, so, daß das Gehirn keine Verbindung mehr mit dem übrigen Körper hat, ist neben anderen Ausfallsymptomen auch die Fähigkeit zu erigieren betroffen. Die Sinneseindrücke, die über das Gehirn laufen, sind nicht mehr imstande, eine Erektion hervorzurufen.

Demgegenüber wird die reflexogene Erektion immer noch funktionieren, wenn das Rückenmark verletzt ist, und das Anheben des Gliedes wird deshalb bei Berührung der schon genannten Bereiche möglich sein, ohne daß das in irgendeiner Weise im Gehirn registriert wird.

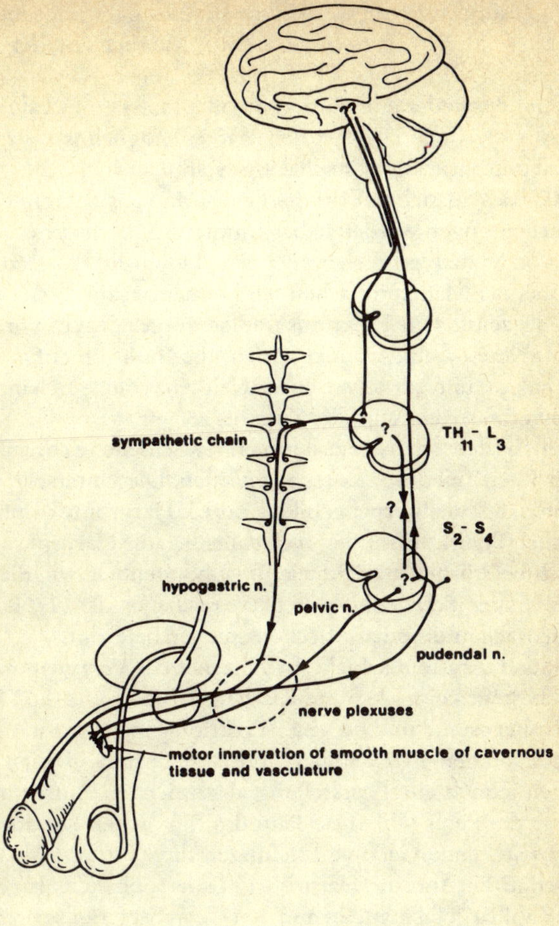

Abb. 1: Schematische Darstellung der Nervenverläufe, die mit der Erektion zu tun haben. Die motorischen Nervenfäden verlaufen teils durch das sympathische System (sypathetic chain) und teils durch das parasympathische System (pelvic n.). Auch der Sinnesnerv (pudendal n.) ist bekannt. Die Fragezeichen bedeuten mangelndes Wissen über die näheren Nervenverbindungen und deren Verlauf zum Gehirn.

(Wiedergegeben mit Erlaubnis von Wagner & Green: *Imptence*, Physiology, Surgery, Pelnum Press, New York 1981).

Bei einem gesunden Mann werden die Berührungen dagegen auch im Bewußtsein registriert, d. h. er hat auch die Möglichkeit, den Reflex zu modifizieren.

Dies kann entweder eine fördernde oder eine hemmende Funktion sein. Es ist experimentell bewiesen, daß es möglich ist, die Erektion bewußt zu unterdrücken. Gleichzeitig weiß man auch, daß das Anheben des Gliedes an sich auf die *Lust* einwirkt (positiv reinforcering). Diese Erscheinungen werden in bestimmten Ländern zur «Entsexualisierung» von Sexualverbrechern benützt. Durch ein bio-feedback-System, wobei der Mann erotischen Filmsequenzen ausgesetzt wird und wobei gleichzeitig sein Erektionsgrad so aufgezeichnet wird, daß er ihn selbst ablesen kann, kann er lernen, die Reaktion auf einen erotischen Impuls zu unterdrücken. Inwieweit eine solche Behandlung auf lange Sicht effektiv ist, wird die Zukunft zeigen.

Der Penis besteht aus zwei zusammengewachsenen Schwellkörpern, die den größten Teil des Schaftes ausmachen. Die Unterseite wird von einem dritten Schwellkörper gebildet, der die Harnröhre beinhaltet und in der Eichel (Peniskopf) endet, wo schließlich die Harnröhre mündet. Dieser Schwellkörper erreicht nie dieselbe Steifheit wie die großen, zylinderförmigen Schwellkörper. Diese reichen in die Vertiefung über dem Hodensack und sind am Beckenknochen befestigt.

Das Blutgefäßsystem schickt im ganzen sechs Verzweigungen zum Penis. Es besteht keine absolute Klarheit darüber, wie die Durchblutung im Ruhezustand und bei einer Erektion genau vor sich geht. Basierend auf einigen in Dänemark durchgeführten Untersuchungen scheint sich jedoch eine Vorstellung abzuzeichnen. Im Ruhezustand (d. h. wenn der Penis schlaff ist) läuft das Blut in den Pulsadern durch einige offenstehende Gefäßverbindungen direkt in die Ablaufgefäße im Schwellkörper um die Harnröhre. Es handelt sich also nicht um normale Kapillargefäße wie in anderen Geweben. Bei sexueller Erregung stellt man sich vor, daß diese Gefäßverbindungen sich schließen, so daß das Blut einen anderen Weg durch andere, kleinere Gefäße finden muß, die direkt in den Hohlraum im Schwellkörper münden. Damit wird dort Druck erzeugt und die Versteifung tritt ein. Voraussetzung dafür ist jedoch, daß der Ablauf gebremst wird, und das könnte der regulierende Faktor für eine länger andauernde Versteifung sein. Bei einem so komplizierten und regelbaren Gefäßsystem kann man leicht verstehen, daß Regulierungsfehler, angeborene Mißbildungen,

Verkalkungen und ähnliches in diesen Gefäßen Ursache für Erektionsanomalien sind.

Gleichzeitig weiß jeder Mann, daß die äußeren Umstände im weitesten Sinne auch auf die Fähigkeit zur Erektion Einfluß nehmen können. Schlechte Laune, Angespanntheit, normale Erkrankung, eine schwierige Zweierbeziehung, Eifersucht, großes Verliebtsein und andere die Seele überwältigende Verhältnisse können die sehr elementare Funktion der Erektion negativ beeinflussen. Aber die genannten Umstände brauchen absolut nicht diese Wirkung zu haben, können sogar den gegenteiligen Effekt nach sich ziehen.

Es dreht sich demnach um eine Funktion, die teils vom Willen regulierbar ist, teils von verschiedenen Gehirnbereichen (unbewußt) gesteuert wird und teils direkt im Rückenmark vor sich gehen kann. Da wir gleichzeitig ein sehr mangelhaftes Wissen um die lokale, nervöse Regulierung der Gefäße haben – speziell welche chemischen Stoffe an der Reizübertragung beteiligt sind – ist es leicht verständlich, wie sich eine Auffassung von Impotenz entwickelt hat als einem Zustand, der durch psychische Verhältnisse bedingt ist.

Die medizinische Zunft hat sich von diesem psychologischen Modell, das sich auf die eigene Teildisziplin, die Psychiatrie, stützt, bestimmen lassen. Diese Auffassung wurde auch durch die Entwicklung der neuen «Sextherapien» unterstützt. Die Erfahrungen basierten auf ausgewählten Patientenkollektiven, besonders in den USA, und wurden in Europa in den 60er und 70er Jahren, als die Sexwelle die Welt überrollte, weitgehend blind akzeptiert.

Inzwischen ist es fraglich, inwieweit Impotenz bei hart arbeitenden, wohlhabenden Amerikanern des Mittelwestens oder bei Männern mit stark jüdischem Kulturerbe in New York mit der Impotenz beispielsweise in der dänischen Normalbevölkerung zu vergleichen ist. Die Zukunft wird uns vielleicht brauchbare Antworten darauf geben, welche Ursachen bei der Entwicklung der männlichen Impotenz dominierend sind. Aber das erfordert eine besonders kritische Forschungsarbeit, verbunden mit einem erhöhten Einsatz im organfunktionellen Bereich.

Mit dem Alter tritt allgemein ein Abfall sowohl der sexuellen Lust als auch der Leichtigkeit, mit der die Lust geweckt wird, ein, sowie der Schnelligkeit, mit der die Erektion erreicht wird, und es dauert längere Zeit, bis eine erneute Erektion hervorgerufen werden kann.

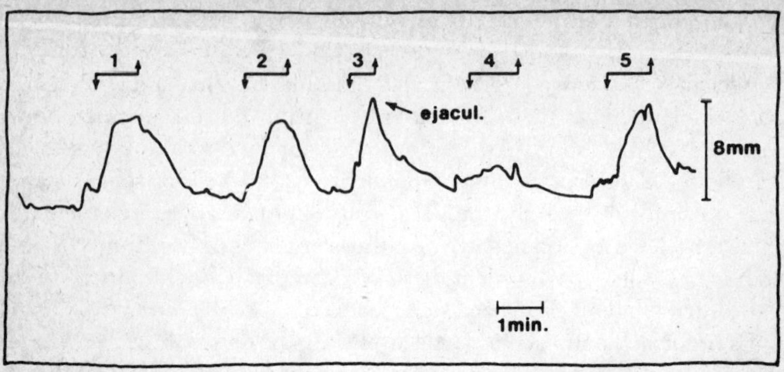

Abb. 2: Originalkurve des Versuchs mit einem 23jährigen Mann, dessen Penis durch Vibration stimuliert wurde. Das Ansteigen des Diameters wird von einem kleinen elektrischen Widerstand registriert, der am Penisschaft befestigt ist. Die Stimulation wird in Periode 1 bis 5 vorgenommen. Samenabgang (ejacul.) tritt bei Stimulation 3 ein. Stimulation 4 ruft keine Erektion hervor (refraktäre Phase).

(Wiedergegeben mit Erlaubnis von Wagner & Green: *Impotence*, Physiology, Psychology, Surgery, Plenum Press, New York, 1981).

Die Abbildung 2 zeigt, wie eine Versuchsperson durch Vibration des Penis stimuliert wird. Bei der dritten Stimulation wird Samenentleerung (Ejakulation) ausgelöst, also von demselben Stimulus, der die Erektion hervorrief.

Man ersieht auch aus der Abbildung, daß eine Stimulation (Nr. 4), die ein paar Minuten nach dem Samenerguß erfolgte, keine Erektion hervorrufen konnte. Das ist die sogenannte Refraktärphase. Bei der Versuchsperson, einem 23jährigen Mann, konnte dennoch eine Erektion nach etwa 4 bis 5 Minuten erreicht werden. Die Ursache für die refraktäre Phase und deren Verlängerung im Alter ist nicht bekannt.

Die Samenproduktion und die Kanalsysteme, durch die der Samen läuft, sind beschrieben und bekannt, aber wann der Transport der Samenzellen von Hoden und Nebenhoden vor sich geht, ist nicht klar. Man hat mehrere Theorien: eine sagt, daß der Transport konstant verläuft, so daß ständig Zellen zur Samenblase geführt werden, die auf der Seite der Vorsteherdrüse (Prostata) liegt. Eine zweite Theorie geht davon aus, daß der Vorgang gleichzeitig mit der sexuellen Erregung abläuft, speziell bei der ersten Phase des Samenabgangs (der inneren

Phase). Es ist sicher, daß sich ein größeres Depot von Spermien im obersten Teil des Samenstranges befindet. Nach der Sterilisation, wo beide Samenleiter unten am Hoden durchtrennt werden, wird man oft nach den ersten 10 bis 20 Sekretabgängen Spermien aus diesen Depots finden.

Prostata, Samenblase und Samenleiter sind alle aus glatter Muskulatur gebildet und von Nerven gesteuert, die nicht der Willenskontrolle unterworfen sind. Das bedeutet, daß das Gehirn nicht das Kommando zur Zusammenziehung der Muskelzellen geben kann. Inzwischen entdeckte man, daß mit dem Älterwerden ein hemmender Einfluß ausgeübt werden kann, also ein erworbener Vorgang.

Für junge Männer ist ein schneller Samenabgang bei sexueller Erregung charakteristisch. Mit dem Alter ändert sich das in der Regel, aber trotzdem wird man die Klage über «zu frühen Erguß» als nicht ungewöhnlich im Behandlungszimmer hören.

Das System des Samenabgangs ist nervös von einem Teil des automatischen Nervensystems geregelt, das als das sympathische bezeichnet wird. Es gibt Medikamente mit spezifischer Wirkung auf die Impulsübertragung des Nervensystems, bei deren Anwendung man die innere Phase des Samenabgangs blockieren kann, während sich die äußere Phase, die von quergestreiften Muskeln um die Peniswurzel abhängig ist, nicht beeinflussen läßt. Die Einnahme solcher Stoffe wird also den Effekt haben, daß man die zwei Phasen differenzieren kann und damit das Erleben der inneren und äußeren Zusammenziehungen beim Orgasmus. Eine Reihe von Versuchspersonen, die die Mittel einnahmen, beschrieben ziemlich übereinstimmend das Erlebnis des lokalen (genitalen) Orgasmus als «flach», «ärmlich» oder «uninteressant».

Nähere Studien mit Medikamenten und deren Einfluß auf Samentransport und -abgang sind nicht mehr vorgenommen worden.

Die verstreuten Beobachtungen und Beschreibungen in der Fachliteratur müssen überwiegend als anekdotisch oder wissenschaftlich wertlos bezeichnet werden. Es liegt sozusagen ein weites Feld für eine sinnvolle Forschung brach, da zusätzliches Wissen in diesem Bereich z. B. auch bei einer Weiterentwicklung antikonzeptioneller Mittel oder Methoden angewandt werden könnte.

Studien des Orgasmus

Wenn man Orgasmus als ein introspektives Phänomen, also einen subjektiv erlebten seelischen Zustand definiert, wird deutlich, daß er sich einer traditionellen naturwissenschaftlichen Beschreibung weitgehend entzieht, da hierzu genaue Termini, die in meßbare Einheiten gefaßt werden können, die Voraussetzung sind. Aber selbst wenn wir die Definition ausweiten und sagen, der «Orgasmus ist eine Erscheinung psychologischer Selbsterkenntnis, die bei beiden Geschlechtern als Folge sexueller Erregung auftritt und die oft von einer Reihe meßbarer physiologischer Variablen vorbereitend bedingt bzw. begleitet wird», hätten wir das Problem, das Erlebnis graduell bestimmen und eine Relation zu den Meßvariablen herstellen zu müssen. Der Vergleich von Orgasmuserlebnissen ist wie der Vergleich von Schmerzerlebnissen. Man kann sehr gut unter Laborbedingungen und in Zusammenarbeit mit einer Versuchsperson deren Erlebnis graduell z. B. auf einer Skala von 0 bis 7 bestimmen. Aber *erleben* Person A und Person B unter im übrigen standardisierten äußeren Bedingungen den Orgasmus auf gleiche Weise und gleich stark? Damit sind wir bei dem Problem, daß es nur die Person selbst ist, die ihre eigenen Erlebnisse graduieren kann und das nur im Vergleich zu eigenen früheren Erlebnissen.

Da es sich um einen seelischen Zustand handelt, wird eine Reihe von Umständen, die auch auf das augenblickliche seelische Niveau, auf dem sich die Person befindet – Angespanntheit, Aggression, Offenheit, Erwartung, Verliebtheit etc. –, entscheidend sein dafür, wie der sexuelle Höhepunkt erlebt wird, aber nicht notwendigerweise dafür, wie die elektrischen Vorgänge in bestimmten Teilen bestimmter Muskeln ablaufen werden. Eine Reihe der mit sexueller Erregung verbundenen Veränderungen wie Atemholen, Herzschlag etc. können auch unter anderen Umständen passieren, sie sind deshalb nicht spezifisch für die sexuelle Erregung, obgleich sie charakteristisch sein können.

Betrachten wir einen Augenblick das Atemholen, dann können wir feststellen, daß wir willentlich den Atem anhalten oder die Häufigkeit der Atemzüge pro Minute erhöhen können und sowohl weniger als auch tiefer atmen können. Wenn man sich auf ein Trimmfahrrad setzt und eine genau definierte Arbeitsaufgabe durchführt, wird es eine direkte Relation geben zwischen der Luftmenge, die ausgetauscht werden muß und der Größe der ausgeführten Arbeit. Auch hier wird man willentlich den Atem eine Zeitlang anhalten können, aber der mangelhafte Luftaustausch wird doch unweigerlich nachgeholt werden müssen, weil die Änderung beim Atemholen unter diesen Umständen von einer Sauerstofforderung der arbeitenden Muskeln bedingt ist, wo die Rechnung aufgehen und stimmen muß. Eine Reihe unserer normalen Funktionen ist allerdings auch vom augenblicklichen seelischen Zustand, in dem wir uns befinden oder in den wir uns plötzlich bringen, beeinflußbar. Beispiele dafür sind Seufzen, Stöhnen, angehaltener Atem. Andere Funktionen, die normalerweise nicht vom Willen beeinflußbar sind wie der Herzschlag pro Minute («Puls»), können auch durch seelisches Erleben plötzlich verändert werden. Diese emotionalen Pulssprünge können bedeutend sein und als unzählige Anstiege oder Abfälle gesehen werden. Wieder dürfen wir das betrachten als etwas, das dazu beitragen kann, die Situation zu charakterisieren, das aber nicht spezifisch für die sexuelle Erregung ist. Der Pulsabfall, der nach dem Orgasmus eintritt, kann beispielsweise genauso plötzlich vor sich gehen, wenn bloß die sexuelle Stimulation ohne Orgasmus aufhört.

Das Problem des Forschers

Eine Frage, die oft gestellt wird, lautet: «Warum ist der Bereich der männlichen Sexualität so wenig erforscht?» Bezogen auf die Erforschung der Funktion der Geschlechtsorgane als Sexualorgane gilt die Frage in gleichem Maße für die Erforschung der weiblichen Sexualfunktion. Die Forschung auf diesem Gebiet entwickelt sich nur langsam, und nur in ganz wenigen Labors arbeitet man überhaupt daran.

Man geht sehr vorsichtig vor, in Dänemark geschah es mit Offenheit, verbunden mit Aufklärung, wodurch die Forschung ziemlich schnell ihre Rechtfertigung erhielt.

Jedes neue Forschungsfeld wird zu Beginn beschränkte Möglichkeiten vorfinden, unter anderem auch deshalb, weil man keinen sicheren Erfolg garantieren und seine Ziele nicht abgrenzen kann. Basis jeder Forschung sind die wirtschaftlichen Verhältnisse, und hier befindet man sich in der allgemeinen Konkurrenz um Forschungsmittel. Als nächstes kommt die Arbeit selbst, die glücken oder schiefgehen kann. Dann stößt man auf die lokale und internationale Fachkritik; man muß in der Arena bleiben und dauernd auf das Echo hören, das kommt, wenn man seine Beobachtungen in das große Meer der Wissenschaft plumpsen läßt.

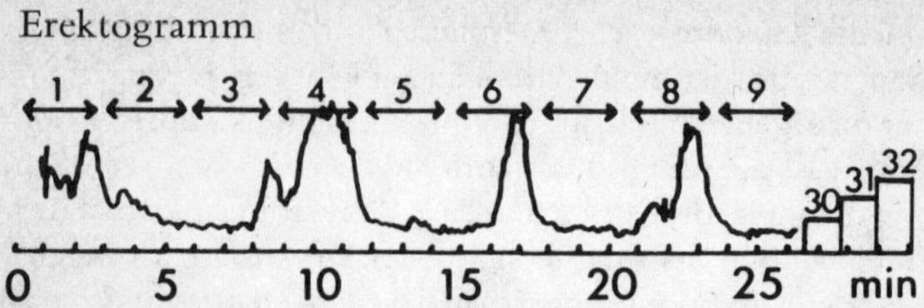

Figur 1. Veränderung der Peniscicumferencia (angegeben durch Penisdiameter in mm) bei einer Versuchsperson während dem Abspielen von 9 Filmsequenzen mit erotischem Inhalt.

Es gibt offenbar keine Grenzen für die wissenschaftlichen Landgewinne, die die moderne Technologie den weißbekittelten Experten ermöglicht. Jetzt hat man entdeckt, daß Männer bei Pornofilmen eine Erektion bekommen. Die wissenschaftlichen Messungen für diese epochale Neuheit wurden in einem Schlaflabor mit Hilfe einer sog. zirkulären «srain gauge» mit einem Hg-Widerstand gemacht, der am Penis befestigt wurde. Die Ergebnisse können dann an einem sog. Erektogramm abgelesen werden.

Quelle: Annonce für Pharmacia A/S in «Wochenschrift für Ärzte».

Abb. 3: Ausschnitt aus der linksorientierten Zeitschrift «Naturkampen» (Der Naturkampf), 1979.

Das Erektogramm wurde in der laufenden Serie «Notabene» über Sexologie gezeigt, Wochenschrift für Ärzte 1978 bis 81.

Aber ganz speziell für den Bereich der Sexualforschung gilt, daß hier die Öffentlichkeit ein besonders großes Interesse hat. Es ist schwer zu beurteilen, wo der offene reelle Informationshunger aufhört und die eher schmierige Sensationslust anfängt.

Als der Verfasser des Artikels vor Jahren meinte, daß Widerstand und Kritik vom «Establishment» vorgebracht würden, wurde er nachhaltig belehrt, daß Kritik, das Lächerlich-Machen oder In-den-Dreck-Ziehen aus der sogenannten liberalen Ecke kam und nicht von Bürgertum, der Kirche oder dem Militär.

Abbildung 3 ist ein Ausschnitt aus einer liberalen Zeitschrift und zeigt, mit welcher Arroganz über den Technokraten berichtet wird. Ein anderes Beispiel ist die Forderung von Mitgliedern der Frauenbewegung, sich deshalb von der Erforschung der sexuellen Funktionen der Frau fernzuhalten, weil die meisten Wissenschaftler Männer sind.

Eine Boulevardzeitung in Dänemark ist besonders lautstark im Kampf für liberale Verhältnisse. Die Behandlung des sexuellen Forschungsbereichs wurde sensationell aufgemacht, eine Reportage mit einem etwas lächerlichen und schlüpfrigen Anstrich, garniert mit einem netten Pornobild. Man kann sich fragen, ob dies wirklich für eine vernünftige Entwicklung einer wissenschaftlichen Arbeit ausschlaggebend ist. Es ist aber zweifellos so, daß die Auftraggeber davon beeinflußt werden, so daß Gelder für ansonsten akzeptable Forschungsideen gestrichen werden. Die Versuchspersonen können sich mit Recht gekränkt fühlen, und auch der Versuchsleiter kann sich angegriffen fühlen, obwohl er ja das Ganze angefangen hat; aber auch er ist nur ein Mensch hinter seinen schönen Apparaten.

Die Erklärung, warum Sexualforschung nicht sonderlich anziehend ist, ist naheliegend. Dazu kommen eine Reihe persönlicher Barrieren, die man sehr genau überlegen und einschätzen muß.

«Die Sexualität muß als Ganzes betrachtet werden», hört man nicht selten, nicht zuletzt von psychologisch-psychiatrisch Gebildeten mit sexologischen Interessen. Dies ist ein schöner Gedanke und vertuscht vermutlich den Wunsch, daß wir als Körper funktionieren, wenn die Gefühle (sprich: Liebe und Hingabe) auftauchen.

Dies ist natürlich unvereinbar mit einem naturwissenschaftlichen Gedankengang, wo gerade Teilanalyse und umfassende Grundlagenforschung zwei von mehreren Voraussetzungen dafür bilden, daß ein Ganzheitsverstehen aufgebaut werden kann. Man kann sich also nicht einfach an seinen Schreibtisch setzen und die Sexualität oder einen Patienten ganzheitlich einschätzen, sondern man muß sich mit Details befassen und die Lupe hervorholen. Diese Forschungsarbeit ist langwierig, mühsam und oft genug wenig aufregend. Sie ist jedoch unabdingbar, wenn sie letztendlich an einer Verbesserung der menschlichen Lebensqualität mitwirken soll.

Willy Thrysøe

Die Intensität des männlichen Orgasmus

Objektiv gesehen weiß man ungeheuer wenig über den männlichen Orgasmus. Deshalb ist dieser Artikel auch nicht besonders wissenschaftlich ‹untermauert›. Ich versuche, Theorien zu erläutern, die ich, W. Reich und andere aufgestellt haben, und zwar in Verbindung mit Erfahrungen von mir sowie auf Grund von Diskussionen mit Freunden.

Der Orgasmus der Männer wird selten diskutiert, denn wir haben ja normalerweise keine Probleme, ‹zu kommen›, im Sinne von Samenabgang haben (ejakulieren). Ejakulationsinkompetenz – wie es heißt – ist ein sehr seltenes Leiden, während Orgasmusschwierigkeiten bei der Frau sehr verbreitet sind. Aber das Auftreten der Ejakulation im sexuellen Reaktionsverlauf ist, was seine Intensität angeht, äußerst unterschiedlich – sowohl *objektiv* (die meßbare Stärke und Ausbreitung der orgastischen Kontraktionen) wie subjektiv gesehen (der Grad des Lusterlebnisses). Bei dem Leiden ‹zu früher Samenabgang› passiert die Ejakulation normalerweise auf einem niedrigen Spannungsniveau, ohne größeres Lusterlebnis und beinahe wie ein Ausfließen an Stelle eines rhythmischen Ausstoßens (vergleiche Hertofts Artikel).

Aber auch bei Männern, die nicht eine der klassifizierten Störungen haben (zu früher / zu später Samenabgang), ist der Orgasmus von sehr schwankender Intensität. Dieser Beitrag beschäftigt sich mit einigen ausgewählten Faktoren, die allgemein die Stärke des Orgasmus beeinflussen bzw. herabsetzen – und zwar speziell beim Mann.

Spannung und Entladung

Die Kennzeichen des objektiven (physiologischen) Orgasmus sind detailliert in G. Wagners Artikel beschrieben, deshalb werde ich hier nur eine allgemeine, anschauliche und etwas populäre Darstellung liefern. Der sexuelle Reaktionsverlauf kann als eine Spannungszunahme (Erregung) beschrieben werden, gefolgt von einer Spannungsentladung (Orgasmus). Die Erregungsphase kann als eine gleichzeitige Aktivierung von zwei entgegengerichteten Kräften in der glatten Muskulatur gesehen werden – d. h. die Muskulatur, die die Aktivität der Haut und der inneren Organe (darunter Geschlechtsorgane und Brüste) reguliert und die deshalb außerhalb unserer willensmäßigen Kontrolle liegt. Die zwei entgegengesetzten Kräfte bestehen aus einer *Spannung* in der Muskulatur (z. B. im Penis) und einem gleichzeitigen *vermehrten Blutzufluß* ins Gewebe und kommt zustande, weil der Rücklauf des Blutes durch die Venen durch einige ‹Klappen› verhindert wird. Man muß sich ein Organ vorstellen, daß gleichzeitig zusammengeschnürt (durch Muskelanspannungen) und ausgedehnt (durch Blutzufuhr) wird. Die zwei entgegengesetzten Kräfte laufen während der Erregung in einer Art physiologischem Kontrapunkt gegeneinander und ‹gipfeln› / ‹branden› im Orgasmus. Die Muskelspannungen werden durch die orgastischen Kontraktionen aufgelöst, und das Blut fließt zurück, weil sich die Venenklappen öffnen. Bei Männern passiert das hauptsächlich im Penis – aber in geringerem Umfang auch in den inneren Geschlechtsorganen um die Prostata und die Samenblase. Frauen dagegen haben zwei gleichwertige Zentren – im äußeren Teil der Scheide und den kleinen Schamlippen und am Ende der Scheide in der Gebärmutter. Das scheint mir der objektive Hintergrund für die Unterscheidung zwischen ‹Klitorisorgasmus› (d. h. äußerer Scheidenorgasmus) und ‹tiefem Vaginalorgasmus› (d. h. Gebärmutterorgasmus) zu sein. Bei beiden Geschlechtern ereignen sich außerdem eine verstärkte Blutzufuhr und recht kräftige orgastische Kontraktionen im analen Ringmuskel. Aber der Orgasmus zeigt sich auch in anderen Teilen des Körpers, was leider wenig erforscht ist. Man weiß zum Beispiel, daß sich die Durchblutung im Gehirn in einem Grade verstärkt, den man sonst nur bei (epileptischen) Anfällen feststellt und daß die elektrische Aktivität des Gehirns während des Orgasmus einige besonders krampfartige Kurven aufweist. Endlich ist es eine subjektive Erfahrung, daß die orgastischen Kontraktionen sich mehr oder weniger deutlich in den ganzen Körper ‹fortpflanzen›. So können Arme und Beine als Reaktion auf die Kontraktionen, die von den Geschlechtsorganen ausgehen, ‹zucken›.

Verkrampfungen und Orgasmus

Dieser Grad des ‹Sich-Fortpflanzens› ist es, den ich für entscheidend für die erlebnishafte Intensität des Orgasmus halte. Objektiv gesehen weiß man sehr wenig über diese Übertragung der orgastischen Kontraktionen. Aber es ist eine berechtigte Annahme, daß eine sehr gespannte, quer gestreifte Muskulatur – d. h. die Muskulatur, über die wir willensmäßige Kontrolle haben und die z. B. für die Bewegung von Armen und Beinen nötig ist – daß eine Spannung (Verkrampfung) in dieser Muskulatur, die (populär ausgedrückt) die glatte Muskulatur umgibt, ein ‹Sich-Fortpflanzen› des Orgasmus verhindern kann – ja den Orgasmus fast einsperren kann. Ein sehr gespannter Bauch und eine verkrampfte Oberschenkelmuskulatur haben z. B. die Tendenz, den Orgasmus um den Penis zu beschränken, seine Ausbreitung zu verhindern. Das stimmt zumindest überein mit eigenem Erleben und dem von Bekannten. Es stellt sich deshalb die Frage: Warum verkrampft sich die quergestreifte Muskulatur?

Nun, einige dieser Verkrampfungen sind wahrscheinlich integrierter Teil des sexuellen Reaktionsverlaufs selbst – und das gilt sicher für die spastischen, krallenden Verkrampfungen an Händen und Füßen und die besonderen Gesichtszüge kurz vor dem Orgasmus. Aber darüber hinaus scheint es eine subjektive Erfahrung zu sein, daß die Verkrampfungen für das orgastische Erleben ungünstig und bremsend sind. Für diese Verkrampfungen kann man wenigstens zwei Erklärungen versuchen:

1. Die Verkrampfung kann etwas sein, dem man sich nicht entziehen kann – eine automatische Verteidigung, eine muskuläre Panzerung, die ihre Wurzel in der sexuellen Unterdrückung der Kindheit hat.
2. Die Verkrampfung kann dadurch entstehen, daß man zur Erhöhung der sexuellen Erregung ein Verhältnis zum Partner aufgebaut hat, wo der eine nimmt und der andere genommen wird (was ich als modifiziertes sado-masochistisches Verhältnis betrachte).

Den ersten Fall hat W. Reich in seinen frühen Schriften scharfsinnig analysiert (die späteren Schriften sind problematischer) – und so beziehe ich mich im folgenden besonders auf die «Charakteranalyse» von 1933. Die muskuläre Panzerung ist zusammen mit der Körperhaltung u. a. der somatische Teil des menschlichen *Charakters*. Der psychische Teil ist sein ‹Wesen›, Art, Stimmlage, Höflichkeit, Prahlerei usw. Der Charakter ist allgemein betrachtet eine Verteidigung oder eine Panzerung, eingesetzt zwischen Sexualtrieb und Umwelt. Bei einigen kann er mehr plastisch und flexibel sein, bei anderen mehr rigide und festgelegt. In erotischen Situationen wirkt er als ein System von Hemmungen, das Hingabe und Lusterleben erschwert. Der Charakter hat sich im Laufe der Kindheit gebildet. Als Antwort auf die Triebverbote der Umwelt (Eltern) und Strafandrohung bei Übertretung wird der Charakter eine Reihe von Techniken entwickeln, sich zurückzuhalten, wenn Triebimpulse sich aufdrängen: Luft anhalten, bestimmte Muskeln anspannen, sich anständig produzieren, an etwas anderes denken usw. Was die Muskelverkrampfung anging, war es möglich, sie objektiv zu messen, und damit konnte man ein bestimmtes Spannungsmuster für den einzelnen aufzeichnen, das bei einer (drohenden) Frustration auftritt.

Die meisten der Körpertherapien, die es heute gibt, bauen in irgendeiner Form auf diesen Verhältnissen auf. Einige gehen direkt gegen die muskuläre Panzerung mit Hilfe einer Art Massage vor, andere versuchen, sie durch intensiveres Atemholen aufzulösen.

Aber ich habe allgemein den Eindruck, daß alle diese Therapien einen fast mystischen Überbau haben und sich in einer erlebnishaften, suggestiven Sprache anbieten. Man ‹horcht› darauf, was die Muskeln ‹erzählen› und ‹erfühlt› den ‹Energiestrom› vom Boden durch den Körper aufsteigen. Ausschließlich auf die Behandlung bezogen, trifft das sicher zu, aber nicht für den theoretischen Zusammenhang. Und ich glaube, daß viele Menschen in einer sonst ausgezeichneten Behandlung gebremst werden, weil sie sie intellektuell für Humbug halten. Die halbmystischen Züge sind sicher auch die Ursache dafür, daß die klinische Sexologie die Erfahrungen neuer Therapie nicht eingearbeitet hat – und das ist schade, denn natürlich haben sie eine rationale Basis. Die Sexologie sollte eine Art bio-feedback-Technik entwickeln, die es ermöglicht, daß wir ein flexibleres Verhältnis zu unserer charakterlichen Panzerung bekommen, um dadurch (u. a.) einen intensiveren Orgasmus zu haben.

Aber all das gilt gleichermaßen für die Männer wie für die Frauen.

Inzwischen bin ich der Meinung, daß die muskuläre Panzerung bei Männern mehr die Intensität einschränkt als bei Frauen. Bei uns gehen die orgastischen Kontraktionen fast ausschließlich vom Penis aus (der ja fast einen Anhang zum Körper darstellt), während die Kontraktionen bei Frauen auch von einem tiefer liegenden Organ ausgehen: der Gebärmutter. Deshalb haben sie vielleicht größere Chancen, Orgasmen zu bekommen, die durch den ganzen Körper dröhnen (der tiefe Vaginalorgasmus); während wir mit einer gut ausgebildeten muskulären Panzerung um Magen und Schenkel oft den Orgasmus auf etwas, das nur mit dem Penis zu tun hat, beschränken müssen.

Sado-Masochismus als Problem

Nun werde ich eine andere Ursache für die Verkrampfungen in der quergestreiften Muskulatur behandeln: die modifizierte sado-masochistische Beziehung. Die Darstellung baut nicht auf W. Reich auf, sondern auf einigen Theorien, die ich in meinem Buch: ‹Sexualwissenschaft, Trieb› (Rhodos 1979) entwickelt habe. Ich glaube, daß Sadismus und Masochismus nicht Minderheiten vorbehalten sind (den sog. Perversen). Die Perversionen sind Extreme, Übertreibungen von etwas, das im Sexualleben der meisten Menschen vorkommt. Normalsadisten schlagen sicher nicht, aber ‹nehmen› ihren Partner und genießen die Macht und die Erregung in der zurückgehaltenen, plötzlich gesteigerten Aggressivität. Normalmasochisten würden sich schön bedanken, wenn sie den Hintern voll bekämen, aber wollen ‹genommen› werden und genießen es, in der Gewalt eines andern zu sein, genießen die ängstliche Erregung in der Erwartung des zupackenden Griffs des Partners.

Ich bin darüber hinaus der Meinung, daß die physiologische Grundlage für Sado-Masochismus eine mit Aggressivität bzw. mit Angst vermischte Sexualerregung ist – und diese Verknüpfungen verschaffen sich im normalen Sado-Masochismus Geltung. Bei den eigentlichen Sado-Masochisten muß man zusätzlich mit psychischen Strukturen operieren, die mit Schuld und Strafe zu tun haben. Aber was sind dann Aggressivität und Angst? Ich betrachte sie als Affekte eines grundlegenden Selbstschutzmechanismus des Menschen: Kampf und Flucht. Im Sado-Masochismus entsteht also eine Mischung zwischen Sexualität und Selbsterhaltung in Form einer Lust-Angst (thrill) und einer Lust-

Aggressivität. Diese Triebverbindungen durchdringen unsere ganze Kultur – man denke bloß an Kriegs- und Horrorfilme, an Sportarten wie Autorennen und Boxen, Kinderspiele wie Völkerball und Verstekken. Die Tendenz zur Verknüpfung von Sexualität, Angst und Aggressivität ist außerdem in der ganzen Kindheit manifest. Man spricht von Oral-Aggressivität und Analsadismus – aber besonders hervortretend ist die sogenannte Latenzphase (6 bis 12 Jahre). Wenn in diesem Alter Orgasmus vorkommt, dann fast immer in Angst- und Aggressivsituationen: in ein leeres Haus kommen, am Abend allein sein, Räuber und Gendarm spielen und ähnliches mehr. Die Tendenz zur Verknüpfung hat auch eine objektive, biologische Grundlage, indem Sexualität, Angst und Aggressivität in zwei Gehirnbereichen lokalisiert sind, die sehr dicht miteinander verbunden sind und wo die Aktivierung des einen Bereichs durch den andern entweder positiv unterstützend oder negativ hemmend erfolgen kann. Die umgekehrte Beziehung existiert also auch (d. h., daß Angst und Aggressivität auch die sexuelle Erregung bremsen können) – und sowohl der fördernde wie der hemmende Aspekt kommt oft im selben Reaktionsverlauf vor. Die Angstkomponente erregt zu Anfang, bremst aber dann vor der orgastischen Auslösung.

Ausgehend von Untersuchungen über Onaniephantasien sieht es zum Beispiel so aus, als gäbe es eine sehr deutliche Geschlechtsverschiebung im normalen Sado-Masochismus, derart, daß Männer mehr aggressiv-sadistisch, Frauen mehr angstbetont-masochistisch sind – was wahrscheinlich durch die Erziehung bedingt ist! Die Jungen werden zur Aggressivität ermuntert, während Angst unmännlich ist. Bei Mädchen werden Angst und Sexualität verknüpft in der Aufforderung, vor all dem Schönen (Sexuellen) Angst zu haben.

Zwei Arten von Orgasmus

Nach dieser Abschweifung über den Sado-Masochismus werde ich darauf eingehen, welche Bedeutung dieser für die Intensität des Orgasmus hat. Das Hinzukommen von Angst bzw. Aggressivität zur sexuellen Erregung passiert natürlich, um die Erregung zu erhöhen – und erhöht wahrscheinlich auch die Spannung und Blutzufuhr in den Geschlechtsorganen. Die Spannungskurve steigt steil an, so daß der Orgasmus von einem sehr hohen Spannungsniveau aus einsetzt. Aber die

Erregung ist dadurch charakterisiert, daß der Orgasmus als aggressiver Kampf oder angsterfüllte Flucht vorbereitet ist, weshalb eine kräftige Verkrampfung der quergestreiften Muskulatur mit der Absicht einsetzt, den Kampf oder die Flucht als motorische Aktion einzuleiten. Die unbewußt automatische muskuläre Panzerung wird dadurch gewaltig verstärkt, so daß die orgastischen Kontraktionen nicht viel Chancen haben, den Körper zu durchfluten. Außerdem wird verhindert, daß die rhythmischen Körperbewegungen hin zum Orgasmus einen mehr unfreiwilligen Charakter annehmen. Der Orgasmus wird provoziert: gewaltsam, scharf und begrenzt – und bleibt bei Männern in besonderem Grade oberflächlich, eine Angelegenheit ausschließlich für den Penis. Das so allgemein Gesagte soll nicht die sado-masochistische Beziehung abwerten. Ich betone lediglich, daß es nicht unbedingt ein direktes proportionales Verhältnis zwischen der Stärke der Erregung und der Qualität des Orgasmus gibt. Die extreme Erregung bringt – wenn sie sado-masochistisch bedingt ist – oft eine Begrenzung des Orgasmus mit sich. Aber deshalb kann der Sado-Masochismus trotzdem dazu notwendig sein, überhaupt bis zum Orgasmus zu kommen oder überhaupt eine solche Intensität im Zusammenspiel der Partner entstehen zu lassen, daß sie geil werden.

Beim sehr ‹sanften› Beischlaf, wo die quergestreifte Muskulatur so gelockert wie möglich ist, wo die Spannung sozusagen von innen steigt (von der glatten Muskulatur) und zu einem mehr fließenden Orgasmus aufbricht, kann es natürlich ein sehr schönes Zusammenspiel geben. Aber er kann auch dazu führen, sich in sich selbst zurückzuziehen. Die Partner werden sich selbst genug und schließen sich in verschwommene Phantasien ein mit dem Resultat, daß die Erregung vielleicht verschwindet. Bei dem eher ‹harten› sado-masochistischen Beischlaf wird es – wenn er offen durchgeführt wird – eine viel intensivere Kommunikation zwischen den Partnern geben; aber hier können natürlich auch Phantasien entstehen – wenn man z. B. aus emanzipatorischen Gründen seine Impulse für einen offenen sado-masochistischen Verkehr unterdrückt und deshalb die Phantasie zu Hilfe nehmen muß.

Phantasien und Orgasmus

Die genannten Phantasien sollen nun als letztes Thema in diesem Beitrag behandelt werden. Phantasien werden natürlich produziert, um die Erregung zu erhöhen, aber wenn sie bis hin zum Orgasmus aufrechterhalten werden, wirken sie gleichzeitig hemmend auf die Intensität des Orgasmus.

Die Aktivität der Phantasie während des Beischlafs wird eine teilweise Blockierung der Empfänglichkeit des Körpers für die Reizung mit sich führen, die tatsächlich aufgenommen wird, indem man sich in eine Situation hineinphantasiert, die eine andere Form der Reizung voraussetzt. Außerdem verhindern die Phantasien das Verlieren der sensorischen Kapazität und das Übergehen zum Bewußtsein des Primärprozesses, das normalerweise für die Phase direkt vor dem Orgasmus charakteristisch ist. Das Durchschlagen von Unbewußtem, von Naturerlebnissen, Farbexplosionen usw., was viele (besonders Frauen) während des Höhepunkts erleben, kann sich nicht entwickeln, wenn man an einer genau festgelegten Phantasieszene festhält.

Nun deuten Untersuchungen darauf hin, daß die Beischlafphantasien der Männer bei weitem genauer, visueller und plastischer sind als die der Frauen, die mehr diffus und verschwommen sind. Wenn wir den vorherrschenden Inhalt betrachten (das Sado-Masochistische), dann phantasieren Männer oft, Macht über die Frauen zu haben, sie geil zu machen bloß durch physische Stärke. Viele Frauen zu haben (Haremsphantasien), ist auch üblich – und das alles in einer oft recht genauen, exotischen Szenerie. Frauen phantasieren typischerweise, daß sie dagegen ankämpfen, bis ihre eigene Erregung zum Aufgeben führt – aber die Umgebung ist oft nur in verschwommener Form präsent. Auf diesem Hintergrund ist es eine wahrscheinliche Annahme, daß unsere Phantasien störender sind als die der Frauen. Der genaue, plastische Charakter der Phantasien entfernt von unserem Partner und macht das bewußtseinsübersteigende Erleben im Augenblick des Orgasmus möglich.

Der Ausgangspunkt für diesen Beitrag war, daß die Intensität der Orgasmen der Männer sehr schwankend ist, und daß das primäre Problem darin besteht, daß der Orgasmus oberflächlich und begrenzt abläuft, weil sich die orgastischen Kontraktionen nicht vom körperlich recht peripheren Organ (Penis) auf den ganzen Körper fortpflanzen.

Die verkrampfte, quergestreifte Muskulatur wurde als die bremsende Ursache angesehen, die vor allem die Aufgabe einer automatischen Verteidigung hat, eine muskuläre Panzerung mit den Wurzeln in Triebverboten der Kindheit. Das Bestreben müßte unter allen Umständen dahin gehen, sich über die Ausmaße dieses Panzers klarzuwerden – eventuell mit therapeutischer Hilfe. Aber die Verkrampfung in der quergestreiften Muskulatur könnte auch Resultat einer sado-masochistischen Beziehung sein, wo eine extrem starke Erregung auf Kosten eines gewaltsamen, aber doch begrenzten Orgasmus erzeugt wird. Leute, die gewöhnlich sado-masochistisch verkehren, können vielleicht mit einem ‹sanften› Beischlaf experimentieren, um dadurch einen umfassenderen Orgasmus zu erleben, der von innen kommt, ohne durch die muskuläre Panzerung gebremst zu werden. Wenn sie danach trotzdem sado-masochistische Beziehungen pflegen, hat das jedenfalls seinen Grund woanders – sie ‹wählen› dann die Erregungsintensität auf Kosten des Orgasmus. Außerdem würde es zur gegenseitigen Emanzipation beitragen und mit den falschen Meinungen zwischen den Geschlechtern aufräumen – so daß wir uns der unmännlichen Lust, ‹genommen› zu werden, hingeben könnten und die Frauen ihr Schuldgefühl überwinden könnten, wenn sie aggressiv ‹nehmen›. Das würde dazu beitragen, den sexuellen Sado-Masochismus von der traditionellen Geschlechtsrolle des dominanten Mannes abzulösen. Jedenfalls ist es besser, den Sado-Masochismus auszuleben, als ihn in Beischlafphantasien zu verbannen. Phantasien vermindern die Reizempfänglichkeit des Körpers und verhindern die psychische Transzendenz im Augenblick des Orgasmus. Da die männlichen Phantasien eher visuell-plastisch sind, sind sie auch störender. Ein Ausweg besteht wahrscheinlich in einer intensiveren Konzentration auf die Reaktionen des Partners (besonders seines Gesichts) – das würde auch narzistischem Sich-Zurückziehen entgegenwirken.

Olav Storm Jensen

Körperpsychologie und Orgasmus

Jede Aussage über psychologische Körpertheorie und Orgasmus muß natürlich von den Arbeiten Wilhelm Reichs ausgehen. In seiner wissenschaftlichen Selbstbiographie von 1942 – *Die Funktion des Orgasmus* steht, wie er in den 20er Jahren in der Psychoanalytischen Gesellschaft in Wien seine Orgasmustheorie entwickelte – es sind die Gedanken, die die Basis der *Sexualökonomie* ausmachen sollten, ein Begriff, den Reich für seine Lehre wählte, als er später mit der Freudschen Psychoanalyse brach. Die Orgasmustheorie ist primär eine Neurosentheorie und eine Theorie über das energetische Problem in Verbindung mit dem Verstehen der Neurose: Woher bezieht die neurotische Symptombildung ihre Energie – was ist die somatische (körperliche) Grundlage für ihre Aufrechterhaltung?

Reichs Versuch, diese Frage zu beantworten, ging von Freuds Scheidung zwischen den sogenannten Aktualneurosen und den sogenannten Psychoneurosen aus. Die Psychoneurosen sind die Neurosen, die historisch durch die Analyse der libidinösen Beziehungen der Vater-Mutter-Kind Situation verstanden werden müssen, während die Aktualneurosen neurotische Beziehungen wie Angstneurose oder Neurasthenie («Nervenschwäche»: unnormale Müdigkeit etc.) bezeichnen, die unmittelbar somatisch auf dem Hintergrund aktueller «unglücklicher Sexualgewohnheiten» (sexuelle Abstinenz, Unterbrechung des Geschlechtsakts oder «sexueller Abusus» wie z. B. zu häufiges Onanieren [!]) verstanden werden können.

Während das Interesse Freuds und der übrigen Psychoanalytiker sich primär auf die Erforschung der Psychoneurose konzentrierte, biß sich Reich an einer Aussage von Freud fest, daß sich nämlich wahrscheinlich in jeder Psychoneurose ein aktualneurotischer Kern fände. Er sah in dieser Überlegung eine Möglichkeit für die Lösung des neurotischen Energieproblems. Seine Überlegungen führten ihn dabei weiter zu der Auffassung, daß auch jede Aktualneurose ihren psychoneurotischen Überbau habe.

Die Theorie war einfach: Die Energiequelle der Neurose ist in der sexuellen Energie zu finden, die nicht ihre natürliche Abfuhr im Orgasmus findet.

Ein für die Gültigkeit der Theorie angelegter Test mußte natürlich untersuchen, inwieweit nun auch faktisch alle neurotischen Patienten an Störungen der Orgasmusfunktion litten. Reich referiert Erfahrungen mit «Hunderten von Fällen», die er «im Verlaufe einiger Jahre umfangreicher und intensiver Arbeit beobachtete und zu heilen hatte». Unter den Frauen fand er nicht eine einzige, «die nicht vaginal orgastisch gestört gewesen wäre». «Unter den männlichen Kranken waren etwa 60 bis 70 % grob genital gestört, entweder erektionsunfähig beim Akt oder mit verfrühtem Samenerguß behaftet.»

Da eine auf den Klitorisorgasmus begrenzte Orgasmusfähigkeit für Reich eindeutig als Störung angesehen wurde, boten seine Beobachtungen der weiblichen Patienten kein Problem für die Theorie. Demgegenüber mußten die 30 bis 40 % scheinbar genital gesunder Männer Anlaß zu weiteren Spekulationen geben.

Orgastische Potenz und Impotenz

Um mit der traditionellen Praxis zu brechen, die das Sexualleben der Patienten nur in sehr allgemeinen Wendungen diskutierte und dafür tiefer in konkrete, detaillierte Beschreibungen von Erlebnissen und Verhaltensweisen der Patienten einzudringen, tauchte für Reich die Notwendigkeit einer qualitativen Differenzierung des Orgasmusbegriffs auf. Er fand, daß die Ejakulation oft nur von geringem Lusterleben oder von direkter Unlust begleitet war, daß sie in sadistische Phantasien und Verfänglichkeiten eingesponnen sein konnte etc. und daß in diesen Fällen weder unwillkürliches Verhalten noch Verlust der Aufmerksamkeit erlebt werden konnte. Die Auffassung einer Identität von Ejakulation und Orgasmus war nicht haltbar. Die Begriffe der orgastischen Potenz und Impotenz formten sich:

«Die erektive und die ejakulative Potenz sind bloß unerläßliche Vorbedingungen für die *orgastische Potenz*. Sie ist die *Fähigkeit zur Hingabe an das Strömen der biologischen Energie ohne jede Hemmung, die Fähigkeit zur Entladung der hochgestauten sexuellen Erregung durch unwillkürliche lustvolle Körperzuckung.*»

Weiter heißt es:

«Kein einziger Neurotiker hat diese Fähigkeit, und die überwiegende Mehrheit der Menschen ist charakterneurotisch krank» (Die Funktion des Orgasmus, S. 81).

Reichs Vorschlag einer neuen Terminologie wollte die Bezeichnung Orgasmus reservieren für diese «letzte, *vegetativ unwillkürliche* Hingabe», dieses «letzte, bisher unbekannt gebliebene Stück der Erregbarkeit und Spannungslösung.» (85f) Im Gegensatz zur medizinischen Tradition, die Gesundheit nur durch die doppelte Negation «Abwesenheit von Krankheit» beschreibt, gab er eine Beschreibung der Charakteristika der Orgasmusfunktion in 10 Punkten. Also eine Beschreibung dessen, was er als einen natürlichen und gesunden Geschlechtsverkehr ansieht, den nur eine verschwindende Minorität praktisch verwirklicht. Denn in den verschiedenen Phasen werden einige der pathologischen Abweichungen beschrieben, die charakteristisch für den orgastisch impotenten Ablauf sind – die praktische Wirklichkeit für die große Mehrheit.

Es ist doch wichtig, sich vor Augen zu halten, daß der Orgasmusbegriff, wie er in Forschungsprojekten wie z. B. von Kinsey und Masters & Johnson verwendet wird, ein ganz anderer als der von Reich ist. In den extensiven Untersuchungen dieser anderen Forscher benötigte man eine klare, operationale Definition über Auslösung oder Nichtauslösung. Man hat sich deshalb dafür entschieden, jeden plötzlichen Spannungsabfall Orgasmus (beim Mann: Ejakulation) zu nennen. Die Orgasmusbeschreibungen, die dabei herauskommen, gehen also davon aus, was den Auslösungserlebnissen *gemeinsam* ist – unabhängig von deren Unterschieden in der Erfüllung. Auf diesem Hintergrund liegt dann die Möglichkeit nahe, daß einige der Phänomene, die z. B. Masters & Johnson als für den Orgasmusablauf charakteristisch beschreiben, in Wirklichkeit Ausdruck von hemmenden Reaktionen im Hinblick auf die orgastische Hingabe sind. Das gilt z. B. für einige der Muskelverkrampfungsreaktionen.

Für manche Menschen sind Aussagen über qualitativ differenzierende Orgasmen eine Provokation für ihren Sinn von Demokratie. Sten Hegeler machte sich in der Orgasmusdebatte in der Zeitung *Infor-*

mation im Winter 1980/81 (*Information*, 27. 2. 1981: «Ätsch, bätsch, mein Orgasmus ist der beste!») zum Sprecher des Standpunktes, daß Berichte über bessere Orgasmuserlebnisse dasselbe wären wie mit dem Finger auf die zu zeigen, die nur einen zweitrangigen Orgasmus haben konnten.

Man sollte es mit Recht traurig finden, daß derartige Aussagen zu einer konkurrenzgeprägten Orgasmushetze beitragen könnten. Aber wenn nun die Wirklichkeit so undemokratisch ist? – Wenn uns nun diese kapitalistisch-technologische Gesellschaft wirklich so krank an Leib und Seele macht, daß sie unsere Fähigkeiten, uns voll auszuleben, zersplittert – auch unsere Fähigkeit zu voller sexueller Hingabe? Sollen die paar Glücklichen, die vielleicht durch lange und harte Arbeit an sich selbst einmal Erlebnisse haben können, die ahnen lassen, daß es andere Möglichkeiten als das existierende Elend gibt – sollen die nicht ihre Erfahrungen weitergeben, selbst wenn sie vielleicht mit Mißtrauen und Neid von Menschen aufgenommen werden, die unter dem Kapitalismus gelernt haben, in allen Lebensbereichen ein Kampf- und Konkurrenzdenken zu sehen? Wenn die Botschaft reicherer Orgasmen «mit Liebe bestreut wird», und das Versuchen ebenso, sind die Chancen für ein «Frisch gewagt ist halb gewonnen» doch größer als ein «Ätsch-Bätsch».

Meine Erfahrung geht dahin, daß die meisten Menschen genau merken, daß der Erfolg ihrer Sexualität größer, reicher und schöner sein könnte. Hegelers Botschaft: «Rede nicht drüber! Das ist undemokratisch, verhöhnend und erniedrigend!» bedeutet dann nichts anderes als: «Seid zufrieden, Jungs. Ihr seid zweitrangig und ihr werdet auch nicht anders!»

Sexualökonomie und Vegetotherapie

Wenn wir uns die Orgasmustheorie von Reich und deren Begriff der orgastischen Potenz näher ansehen, können wir zwei Seiten der Theorie unterscheiden. Einerseits die sexualökonomische, den Aspekt, der die Energiequellen der Neurosen behandelt. Hier haben wir es mit einem recht abstrakt-theoretischen Aspekt zu tun. Er bildet die Basis für das ganze sexualökonomische Lehrgebäude von Reich, wonach die Sexualunterdrückung zentrale Bedeutung für die soziale Unterdrückung hat, wobei Faschismusentwicklung und «emotionale Pest» denselben

Hintergrund haben – der sexualökonomische Aspekt bildet letztlich den Kern einer ganzen Gesellschaftstheorie. Doch nach wie vor ist es ein theoretischer Ansatz, ein Glied in einem Deutungsmodell der Wirklichkeit. Logisch betrachtet könnte die Deutung auch ganz anders aussehen, ohne daß das unbedingt Konsequenzen in Form einer anderen Praxis haben müßte.

Nebenbei bemerkt: Man kann dem Ansatz entgegenhalten, daß wir heute den Bankrott der sexualökonomischen Gesellschaftstheorie feststellen können. Wir haben ja die sexuelle Befreiung gehabt, aber die soziale folgte nicht nach. Diese Auffassung ist sehr oberflächlich im Hinblick auf ein Verstehen dessen, was sexuelle Befreiung für Reich bedeutete. Wenn man an den freien Verkauf von Pornographie, Life-Shows, sexuealtechnischer Hilfsmittel und Massageannoncen denkt, ist es wohl offensichtlich, daß es sich um Waren handelt, die die Sexualität ersetzen sollen und deren Umsatz gerade eine klare Demonstration einer nicht befreiten Sexualität ist. Sie wurde lediglich offener ausgestellt.

Was den festgestellten freieren, d. h. weniger normgebundenen Umgang mit Sexualität angeht, können wir höchstens von einer äußeren sexuellen Befreiung sprechen. Verstehen wir unter einer befreiten Sexualität eine weiter entfaltete Sexualität, befreit von den Hemmungen voller Entfaltung, so müssen wir ganz woanders ansetzen. Dann müssen wir untersuchen, wie es mit der Fähigkeit der Menschen zu vollständiger Hingabe an die Sexualforschung steht. Mit andern Worten, wie es allgemein mit der orgastischen Potenz steht. Vielleicht ist einiges, was im Bereich der äußeren sexuellen Befreiung passiert, nötig oder zumindest erleichternd und fördernd als Voraussetzung für die eigentlich innere sexuelle Befreiung, aber sie ist bestimmt nicht identisch mit ihr.

Für mich würde sich eine tiefere Befreiung der Sexualität nach außen hin daran zeigen, daß sich die Sexualität nicht mehr so wie jetzt als etwas Besonderes darstellt – sondern daß sie in höherem Grad in das, was sonst lebendig genannt wird, integriert wird.

Die eine Seite der Orgasmustheorie ist also der theoretische, sexualökonomische Aspekt. Die andere Seite hat eine direktere Beziehung zur unverstellten, praktischen Wirklichkeit. Das Schlüsselwort heißt hier *Hingabe*. Die Fähigkeit zur äußersten Hingabe an «das Strömen der biologischen Energie» oder an das «vegetative Leben des Körpers», wovon der Orgasmus die äußerste, am meisten fordernde Probe ist – das ist ein praktisches Kriterium für die psychische Gesundheit. Diese Fähigkeit wieder aufzurichten, kann als ein praktisches Ziel therapeutischer Arbeit gelten.

In der praktischen Entwicklung der vegetotherapeutischen Technik, die in den 30er Jahren stattfand, war es der sog. Orgasmusreflex, der als praktisches Ziel und Kriterium für orgastische Potenz galt. Der Orgasmusreflex ist nicht ein genitaler Orgasmus, sondern eine Art Atemorgasmus. Eine totale, ungebremste Hingabe an die unwillkürliche Atmung führt dazu, den ganzen Körper in eine unwillkürliche Wellenbewegung mitzureißen, dieselbe, die beim totalen genitalen Orgasmus stattfindet.

Daß es für den Patienten möglich ist, sich diesem körperlichen Totalreflex hinzugeben, zeigt, daß es möglich ist, die Bremsung durch die Muskeln (Verkrampfungen), die sonst die Hingabe verhindern, aufzulösen. Wie wir bald genauer sehen werden, war eine von Reichs bedeutungsvollsten Entdeckungen die Erkenntnis, daß der neurotische Widerstand körperlich-muskulär repräsentiert ist. Er sprach von der muskulären Panzerung als funktional identisch mit der psychologischen Charakterpanzerung.

Die «zwei Körper»

Hingabe ist das Schlüsselwort, sagte ich. Aber wer oder was ist es, das sich wem oder was hingeben können soll? Wenn wir eine Einheit sind, wie können wir dann etwas sein, das sich an etwas anderes hingeben kann?

Wir sind eine Einheit, aber wir bestehen auch aus verschiedenen anatomischen Teilen sowie physiologischen und psychologischen Funktionen und Elementen. Zwischen einigen unserer Hauptfunktionen ist die herrschende neurotische Wirklichkeit in unserer westlichen sogenannten Zivilisation die, daß es einige tiefe Spaltungen und Widersprüche gibt. Reich sprach von der antithetischen Einheit von Psyche und Soma. In Alexander Lowens Terminologie (Lowen ist Begründer einer der wichtigsten Neoreichschen Schulen: der bioenergetischen Analyse) wird von einem Widerspruch zwischen Ego und Körper gesprochen.

Nach meiner Erfahrung kann die Begrifflichkeit Körper-Psyche oder Ego-Körper leicht zu Verwirrungen führen durch Assoziationen zum philosphischen Leib – Seele-Problem, im Sinne von Geist – Materie. Deshalb möchte ich eine etwas andere Begrifflichkeit verwenden. Zum philosophischen Problem will ich nur sagen, daß ich Körper und Psyche als zwei Aspekte einer Sache auffasse, die zusammen wirken. Das Sprechen über Körper und Psyche kommt daher, daß die Abstraktionen des Körperlichen und des Psychischen unserer Existenz gesondert bezeichnet werden.

Die Hauptfunktionen unserer Existenz, über die wir als voneinander gespaltene und im Widerspruch zueinander stehende Funktionen sprechen können, stimmen nicht überein mit dem, was wir Bewußtsein und Körper (Unbewußtes) nennen können. Ich ziehe es vor, die Spaltung als eine Spaltung zwischen zwei «Körpern» zu bezeichnen – mit jeweils eigenen Bewußtseinsaspekten. Wir können uns die Spaltung so vorstellen, als ob wir eigentlich gleichermaßen zwei verschiedene, teilweise getrennte, teilweise zusammenfallende Körper wären.

Der eine Körper hat anatomisch sein Zentrum im Zentralnervensystem mit Großhirn und Hirnrinde als oberste Kommandozentrale, besonders in der linken Großhirnhälfte. Wir können ihn den Ego-Körper nennen, weil sein psychologisches Zentrum das bewußte Ich ist mit unseren bewußten Zielen und Wünschen, unseren bewußten Handlungen und Vorstellungen über uns. Wir könnten ihn auch den *kognitiv-voluntaristischen Körper* nennen, weil er als gedankliche Bewußtheit und willensmäßige Steuerung charakterisiert werden kann (kognitiv = erkenntnismäßig, Voluntarismus = philosophische Lehre, nach der der Wille die Grundfunktion des seelischen Lebens ist). Die quergestreifte Skelettmuskulatur wird unter der Regie dieses Körpers gesteuert in rationalen, bewußten oder mehr oder minder automatisierten, angelernten Handlungen.

Der andere Körper umfaßt das, was Reich das vegetative Leben nannte. Wir können ihn den *emotional-vegetativen Körper* nennen (vegetativ = dem Willen nicht unterliegend). Er hat sein anatomisches Zentrum im autonomen Nervensystem und den tieferen Gehirnteilen (soweit das Großhirn beteiligt ist, besonders die rechte Großhirnhälfte). Dieser Körper ist Sitz des Gefühlsmäßigen und Vegetativen unserer Handlungen. Gefühlsmäßige Reaktionen, Ausdruck und Bewußtsein, das Impuls- und Instinkthafte, Reflexe und vegetative Prozesse wie Blutkreislauf, Verdauung, Sexualfunktion etc. gehören hierher.

Dieser Körper umfaßt die inneren Organe, die glatte Muskulatur und das endokrine System. Wenn die quergestreifte Muskulatur unter die Regie dieses Körpers kommt, gerät sie in feste, reflektorische, biologische Bewegungsmuster wie z. B. Husten, Weinen, Lachen oder Orgasmusbewegungen.

Es gibt zwei bemerkenswerte Beziehungen in Verbindung mit der Separiertheit und Überlappung dieser «Körper». Einmal kann die quergestreifte Muskulatur von beiden «Körpern» beherrscht werden. Zum andern kann die Atmung als Funktion von beiden «Körpern» gesteuert werden. Wir werden noch zur Bedeutung dieser Beziehung zurückkehren.

Der emotional-vegetative Körper repräsentiert biologisch und evolutions-historisch den ältesten Teil des Organismus. Wir können gewissermaßen von einem Ur-Körper im Gegensatz zum kognitiv-voluntaristischen Kultur-Körper sprechen. Es ist der emotional-vegetative Teil, der im höchsten Maß unsere biologische Gemeinschaft mit allen niedriger stehenden Organismen repräsentiert, und es ist dieser Teil, der die Funktionen umfaßt, die grundsätzlich Voraussetzung dafür sind, daß wir am Leben sind.

Die gesellschaftliche Bewertung der «Körper»

Einer der Gesichtspunkte, unter dem man das gesellschaftliche Interesse an den zwei unterschiedlichen «Körpern» betrachten kann, ist die Arbeit. Es ist ohne Zweifel so, daß in der westlichen, technologischen Kulturgesellschaft auf den kognitiv-voluntaristischen Körper Wert gelegt wird – im Kapitalismus (und dessen arbeitsökonomische Gegenstücke in sozialistischen Systemen) sogar buchstäblich.

Ob man seine Arbeitskraft als Kopf- oder Handarbeiter verkauft, die gewünschte Ware ist der kognitiv-voluntaristische Körper. Es ist derselbe «Körper», der verkauft wird, ob es sich nun darum handelt, in erster Linie stillsitzend und allein sich intellektuell zu entfalten – also als ein Körper, reduziert zum demütigen Träger und Diener des Gehirns – oder ob es der motorische Apparat ist, der verkauft wird – als ein Werkzeug, das bestimmte Bewegungen in Arbeitsprozessen ausführen soll und wo das Gehirn nur als Apparatur erwünscht ist, die die gewünschten physischen Bewegungen steuert.

In beiden Fällen ist die grundsätzliche Beschränktheit im Hinblick darauf, worin die wertsetzende Ware besteht, wenn die Arbeitskraft gekauft wird, dieselbe. Der emotional-vegetative Körper ist ein unerwünschtes Nebenprodukt, das mitgenommen wird, weil man ja den ganzen Körper kaufen muß. Das ist eine Qualitätsminderung der gewünschten Ware. Sie führt nur zu Störungen, Schwierigkeiten und einer Verringerung der Effektivität der Maschine.

Daß ein gesellschaftliches Interesse an der Unterdrückung des Emotional-Vegetativen unserer Existenz als störend für die Entwicklung einer angepaßten und disziplinierten Arbeitskraft besteht, ist also offensichtlich. Die Sexualökonomie von Reich ist zusammen mit anderen freudo-marxistischen Richtungen eine Theorie, die die Sexualunterdrückung als ein zentrales Element für die Einschätzung einer gewünschten Sozialisierung versteht.

Aber diese systematische Unterdrückung der einen Seite unserer Existenz ist natürlich nicht folgenlos. Individuell gesehen bestehen die Folgen in allen möglichen Neurosen – gesellschaftlich gesehen sind sie Formen faschistoider Tendenzen.

Die Folgen dürfen nicht so verstanden werden, daß uns bloß etwas fehlt – wie wenn wir eine geglückte Amputation durchgeführt hätten, wodurch lediglich die Größe verändert worden wäre. Die Amputation ist nämlich nicht geglückt und kann nicht geglückt sein. Wir können nicht auf die Seite unseres Selbst verzichten, die grundlegend dafür ist, daß wir überhaupt am Leben sind. Wir können sie nur niederhalten, fertigmachen und verdrängen, d. h. versuchen, den bewußten Kontakt mit dem Emotional-Vegetativen abzuschneiden. Es wird auf irgendeine andere Weise weiterwirken – nur weiter entfernt von unserem bewußten Kontakt und unserer subjektiven Kontrolle.

Wie man vielleicht schon gemerkt hat, betont der Gesichtspunkt, unter dem ich Reichs Arbeit sehe, die humanistischen oder existentiell-phänomenologischen Aspekte in seiner Psychologie, die vielleicht normalerweise weniger bemerkt werden, aber die man deutlich aus seinen Schriften herauslesen kann neben den sexualökonomischen, psychodynamischen Auffassungen (phänomenologisch, hier = die unmittelbar erlebbaren seelischen Erscheinungen).

Es mag paradox erscheinen, daß durch Hingabe an das Emotional-Vegetative die subjektive Freiheit, die Selbstbestimmung zunehmen können. Das Paradox wird folgendermaßen verständlich: In je höherem Grad wir den Kontakt mit einem Teil unserer Wirklichkeit abschneiden, in desto höherem Grad sind wir der unsichtbaren Steuerung durch diese verkrüppelte Wirklichkeit ausgeliefert. Umgekehrt: In je höherem Grad wir uns hingeben und akzeptieren können, in bewußten Kontakt mit der vollen Wahrheit über uns sein können, in desto höherem Grad haben wir eine realistische Grundlage, befreit von unsichtbaren Fremdelementen können wir unsere subjektive Freiheit, unser bewußt gewähltes In-der-Welt-Sein entfalten.

Die neurotische Logik – und Körperlichkeit

Grundsätzlich handelt es sich bei Neurosen um Hemmung oder Verdrängung von Gefühlen, besonders zentral ist hier das Angstgefühl. Nach Reich ist ursprünglich die äußere Frustration der kindlichen Bedürfnisse grundlegend für die Bildung der Angst. Für den Säugling ist ein Bedürfnis nichts Begrenztes und Isoliertes. Es ist die ganze Welt. Wenn das Kind etwas will, ist es identisch mit seinem Bedürfnis. Deshalb ist es auch verständlich, daß Frustration eine totale Existenzbedrohung für das Kind bedeutet, und verständlich, daß es mit Angst reagieren muß.

Der weitere Mechanismus neurotischer Angstentwicklung besteht nun darin, daß Angst Aggression erzeugt, die beim Zusammentreffen mit der äußeren Hemmung zu neuer Angst, neuer Aggression wird etc. Die Angst bringt das Kind allmählich dazu, die Hemmung zu übernehmen. Aus dem Zusammenstoß zwischen dem Kind mit seiner sexuellen Triebkraft und der äußeren Welt (Eltern) entwickelt sich der Konflikt zu einem inneren Konflikt zwischen der Impuls- und Gefühlsseite des Kindes (dem emotional-vegetativen Körper) und seiner kontrollierenden Selbstbeherrschung (dem kognitiv-voluntaristischen Körper).

Die hier skizzierte Darstellung der neurotischen Entwicklung lehnt sich eng an Reich an. Er spricht von der Bildung einer charakterlichen Panzerung, eine aus Schichten gebildete Verkrustung, die Impuls- und Gefühlshemmungen aufbaut.

Noch ein weiterer Zug des neurotischen Mechanismus ist für das Verständnis wichtig, daß nämlich, selbst wenn die neurotische Hemmung die Dämpfung der Angst als Ziel und Funktion hat, sie auch selbst Angst erzeugend und Angst erhaltend ist. Die steife Panzerung bedeutet ja selbst eine generelle Hemmung der Lebensfunktion und muß als solche Angst erzeugen. Wir haben es also mit einem Teufelskreis zu tun. Dieser Teufelskreis ist ein ganz zentraler Zug bei jeder Aussage über Neurosen. Sie können von verschiedenen Verstehensebenen beschrieben werden und so ist es verständlich, warum die typische neurotische Abwehr gegen das Erleben bestimmter Affekte unter bestimmten Umständen automatisch dahin tendiert, sich zu einer generellen Abwehr von Gefühlen überhaupt zu entwickeln, d. h. für eine generelle Hemmung des Emotional-Vegetativen.

Eine von Reichs entscheidenden Entdeckungen besteht darin, wie sich die Verdrängungen körperlicher Strategien bedienen. In diesen Entdeckungen liegt auch die Grundlage für alle modernen psychologischen Körpertherapien. Ein Gefühlsausbruch kann durch Anspannung der beteiligten Muskelgruppen bekämpft werden, z. B. ein Weinimpuls durch Anspannung der Halsmuskulatur, des Kiefers, des Gesichts etc. Der genannte Teufelskreis führt dazu, die Spannungen chronisch und generell werden zu lassen. Die psychologische charakterliche Panzerung entwickelt sich funktionell identisch mit der muskulären Panzerung.

Die wichtigste Strategie genereller Gefühlshemmung läuft aber über die Atmung. Die Atmung kann als eine Art Brücke zwischen den beiden «Körpern», über die wir gesprochen haben, gesehen werden. Normal unterliegt sie der Steuerung des vegetativen Körpers. Sie verläuft normal unbewußt und Änderungen der Intensität gehen als Reflexe in emotionale und vegetative Reaktionen über – als eine Art Verstärkung – z. B. Dämpfen der Intensität beim Einschlafen und Erhöhen der Intensität bei Erregungszuständen wie z. B. den sexuellen.

Die Atmungsintensität kann auch willentlich gesteuert werden und auf diese Weise als ein Medium gefühlsmäßiger Selbstmanipulation wirken. Bei willentlicher Verstärkung der Atmung können wir die Gefühle zu hysterischen oder sentimentalen Reaktionen hochpeitschen und – was für das Verständnis der Neurosen am wichtigsten ist – bei willensmäßiger Atemhemmung können wir Gefühle dämpfen. Manche können sich noch erinnern, wie sie als Kind entdeckten, daß sie durch Anhalten der Luft Angst als weniger schlimm empfanden.

Reichs Theorie der Atemhemmung als gefühlsverdrängend hat zwei Seiten. Zum einen kann man die These ableiten, daß der Solarplexus im autonomen Nervensystem, der sich in der Bauchhöhle befindet, direkt für mechanischen Druck empfindlich ist und deshalb durch den

Überdruck, der in der Bauchhöhle entsteht – wenn die Atmungsmuskulatur – Zwerchfellmuskeln und Bauchmuskulatur – angespannt wird – beeinflußt wird. Zum andern bedeutet herabgesetzte Atmung eine generelle Herabsetzung der Sauerstoffaufnahme sowie der Verbrennung im Körper und der gesamten Energieproduktion.

Ich meine, es ist korrekt, die selbstmanipulierenden, gefühlsdämpfenden Techniken ursprünglich als ziemlich bewußt ausgeführte Handlungen aufzufassen. Der Grad der Bewußtheit ist natürlich davon abhängig, wie früh in der Kindheit sie einsetzen, aber im Prinzip ist die Rede von bewußten Handlungen. Sie gehören der kognitiv-voluntaristischen Sphäre des Körpers an. Allmählich werden sie automatisch und chronisch. Wir können auch sagen, sie werden zur Gewohnheit. Aber wir können die Automatisierung, d. h. das Unbewußtmachen auch aus der Logik der neurotischen Verdrängung verstehen. Wenn die Abwehrhandlungen durch Angst ausgelöst werden, werden sie auch selbst zu etwas, das an die Angst erinnert. Deshalb muß auch das Bewußtsein der Abwehrhandlungen als verdrängtes gesucht werden. Niemand hat wohl eine einleuchtendere Beschreibung der Logik dieser Verdrängung gegeben als Ronald Laing: Um etwas aus dem Bewußtsein zu verdrängen, reicht es nicht aus, es zu vergessen. Man muß auch vergessen, daß man vergessen hat – und vergessen, daß man vergessen hat, daß man vergessen hat etc.

Wir können also sehen, wie die neurotische Strategie einen Schneeballeffekt hat und verstehen, wie sie eine Unterdrückung des generellen Körperbewußtseins einschließt – sowohl kognitiv-voluntaristisch wie emotional-vegetativ – sowohl was in unserem Körper passiert als auch was wir mit dem Körper machen.

Die «zwei Körper» und Orgasmen

Ich glaube, es ist einigermaßen klar geworden, was wir die neurotische körperliche Logik nennen könnten, so daß wir jetzt zum Thema Orgasmus zurückkehren und sehen wollen, wie er sich mit dieser Verstehensweise darstellt.

Wir haben gesehen, daß wir in unserem westlichen Kulturkreis in beinahe allen Lebensbereichen mit Ausdauer und den ausgeklügeltsten Techniken daran arbeiten, den emotional-vegetativen Körper zu unterdrücken. Daß wir daran arbeiten, unsere Identität auf dem kognitiv-voluntaristischen Körper basierend aufzubauen und genau an dieser festhalten. Wir arbeiten konsequent daran, das Emotional-Vegetative in uns wegzuschieben und dessen Existenz als ein Teil unserer selbst zu verleugnen.

So überfällt es uns plötzlich hinterrücks mit seiner größten Stärke: Es äußert sich als Sexualität. Sexualität kann nun mal nicht mit dem kognitiv-voluntaristischen Körper allein realisiert werden. Je weniger zufriedenstellend sie ist, in desto höherem Maße wird es versucht.

So stehen wir da und brauchen auf einmal den Kontakt mit der emotional-vegetativen Seite in uns – hoffen, daß sie uns übernimmt und daß wir damit identisch werden können. Es ist dann nicht verwunderlich, daß diese verdrängte, vernachlässigte und mißhandelte Seite nicht bereit ist, existent zu werden und uns mit schönen, totalen Orgasmen zu versorgen.

Halt's Maul und hau ab, wird auf die niederträchtigste und berechnendste Weise in fast allen anderen Lebensbereichen zu dieser Schicht unserer Existenz gesagt. Und dann plötzlich: Komm jetzt raus und schenk mir Glück in sexuellen Beziehungen! – Und dann wundern wir uns darüber, daß sie nicht in gepflegtester Form hervorkommt und tut, was wir verlangen – und wir sagen dann, wir hätten sexuelle Probleme!

Männer und Frauen

Das übergeordnete Thema in diesem Buch sind die *Männer* und ihre Orgasmen. Wir wollen jetzt ein bißchen die Geschlechter betrachten.

So wie ich den Unterschied der zwei Körper- und Existenzseiten skizziert habe, ist klar zu erkennen, daß es am schlimmsten um die Männer stehen muß. Es braucht kaum noch eine weitere Argumentation für den Hinweis, daß die Männerrollen in noch höherem Maße als die Frauenrollen auf der kognitiv-voluntaristischen Einseitigkeit basieren.

Wenn das Wesen des kognitiv-voluntaristischen Körpers in bewußten, zielgerichteten Handlungen und dem effektiven Nutzen besteht, besteht das Wesen des emotional-vegetativen Körpers in etwas ganz anderem. Hier geht es um Hingabe, Akzeptieren dessen, was ist und was passiert, um Erfüllung, darum, sich selbst geschehen zu lassen. Der Gegensatz, von dem wir hier reden, wird inzwischen in der Tiefenpsychologie als Verhältnis zwischen dem männlichen und dem weiblichen Prinzip umschrieben.

Ob wir es nun vorziehen, uns an den Ansatz kultureller Sozialisation zu halten und primär über den Unterschied der Geschlechter anhand der Rollenterminologie zu sprechen – oder ob wir tiefer gehen und die Rollensozialisierung in Relation zu geschlechtsmäßigen, archetypischen Ansätzen sehen – das ist eine andere Diskussion.

Es ist eine allgemeine Erfahrung jeder Art von Psychotherapie und psychischer Forschung, daß Frauen im Verhältnis zu Männern einen ausgeprägten Vorsprung haben. Wir können, wenn wir körperorientiert denken, bessere Voraussetzungen für unser Körperbewußtsein (hier: Kontakt mit dem emotional-vegetativen Körper) in bezug auf die physiologische Weiblichkeit entwickeln.

Die biologische Reproduktionsform hat ja ganz offensichtlich sehr große Bedeutung für die beteiligten Prozesse im weiblichen Körper. In Verbindung mit Schwangerschaft, Geburt und Stillen kann man sagen, daß das Leben der Frau von Grund auf vom Leben des emotional-vegetativen Körpers erfüllt ist. Die vegetativen Funktionen des Menstruationszyklus können wir als direkten Hinweis auf die vegetative Seite des Körpers, die Erlebnisse, die als psychische Aspekte diese Funktionen begleiten, als Hinweis auf die Bedeutung dieser Seite unserer Existenz für das Funktionieren einer körperlich-psychischen Ganzheit und für die körperlich-psychische Einheit als solche sehen.

Nehmen wir als Beispiel die prämenstrualen Stimmungsänderungen, die viele Frauen kennen. Der prämenstruale Zustand wird sowohl von Männern wie von Frauen bezogen auf eine Männergesellschaft, die an kognitiv-voluntaristischen Werten orientiert ist, als Zustand der Schwäche erlebt. Man kann von diesem Gesichtspunkt oder Wertungsstandpunkt aus von Überempfindlichkeit sprechen, von Irrationalität und Unausgewogenheit. Ich kenne inzwischen Frauen, die den besonderen Wert und die besondere Stärke des Zustandes entdeckt haben. Als ein Zustand eines engeren Kontakts mit dem Vegetativen in der Tiefe des Körpers kann es ein Zustand größerer gefühlsmäßiger Klarheit und Einsicht sein, vielleicht vor allem über eigene gefühlsmäßige Bedürfnisse. Wenn diese Bedürfnisse nun als frustrierend erlebt werden, ist es kein Wunder, wenn der Zustand etwas Depressives an sich hat.

Die Orgasmen von Männern und Frauen

Es wird ja bekanntlich allgemein akzeptiert, daß Frauen größere Schwierigkeiten mit ihren Orgasmen haben als Männer. Wie steht diese Tatsache nun in Beziehung zu dem oben besprochenen Geschlechterunterschied? Wenn Frauen in besserem Kontakt zu ihrem emotional-vegetativen Körper sind als Männer, sollten wir doch erwarten, daß es sich gerade umgekehrt verhält. Hier scheint ein Widerspruch vorzuliegen.

Es kann sein, daß es nur scheinbar ein Widerspruch ist und daß er auf einer nicht bestehenden Unterscheidung zwischen sexuellem Höhepunkt und Orgasmus beruht. Man erinnere sich, daß man den männlichen Orgasmus gleichsetzt mit der Ejakulation. Vielleicht haben es die Männer zwar leichter, nichtorgastische Ejakulationen zu kriegen, während es Frauen eher leichter haben, Orgasmen zu kriegen. Diese These kann man durchaus wagen und diese Argumentation ein Stück weit verfolgen. Von daher gesehen könnte das, was als größere Orgasmusschwierigkeit der Frau auftritt, in Wirklichkeit Ausdruck dafür sein, daß das Partielle oder nichtorgastische Erlebnis des Höhepunkts für Frauen weniger bedeutet – daß es bei ihnen in höherem Maße als bei den Männern nach einem Orgasmus-oder-nichts-Prinzip abläuft.

Dafür spricht der Umstand, daß die gefühlsmäßige Ganzheit im geschlechtlichen Kontakt für Frauen eine größere Rolle zu spielen scheint als für Männer. Mit anderen Worten: Männer können leichter als Frauen Liebe und Sexualität trennen und trotzdem (mehr oder weniger) sexuell verkehren. Diese Verschiedenheit der Geschlechter ist einmal treffend so formuliert worden: Männer kaufen sich Sex mit Hilfe von Liebe, während Frauen sich Liebe mit Hilfe von Sex kaufen.

Anatomie – Psychologie

Mir scheint diese Diskussion – über orgastische Tiefe und Intensität – und deren existentielle Bedeutungen und Voraussetzungen – bei weitem interessanter als die anatomische Diskussion über Klitoris- und Vaginalorgasmus, Penis- und Prostataorgasmus. Ich glaube nicht sehr daran, daß die Qualität des Orgasmus durch den primären anatomischen Auslösungspunkt eindeutig definiert ist. Aus meiner Darstellung müßte unter anderem verständlich geworden sein, daß ich große

Anteile der Existenz für entscheidend für die Qualität des Orgasmus halte: die Fähigkeit zu genereller Hingabe an die emotional-vegetative körperliche Wirklichkeit.

Vielleicht besteht eine Art sekundärer Verbindung zwischen den unabdingbaren Beziehungen, die an die verschiedenen anatomischen Erregungszonen geknüpft sind und den tiefen körperpsychologischen Beziehungen, von denen ich sprach. Es könnte so sein, daß, wenn man den tiefsten Orgasmus erreichen will, tatsächlich den schwersten Weg gehen muß. Den Weg, der die äußerste Hingabe an den emotional-vegetativen Körper fordert, um einen Gewinn zu haben, der aber dafür auch größtes Glück geben kann, wenn er etwas gibt. Ich glaube, viele werden das zum Beispiel in Verbindung mit dem Tempo der Bewegung beim Geschlechtsverkehr kennen. Die schnellen, gewaltsamen Bewegungen können leichter dazu führen, das Bewußtsein aus dem Schädel zu blasen, damit *es* passieren kann – aber dafür kann der Erguß auch manchmal eher eine Enttäuschung sein. Im langsamen und sanften Beischlaf liegt die viel schwierigere Aufgabe einer beherrschten Hingabe bis zur «bewußten Bewußtlosigkeit» – was aber dafür manchmal zu kosmischen Universalexplosionen führen kann.

Manchmal – manchmal. Ja, denn ich glaube trotz allem, daß nichts, was ich kenne, so intensiv die bestehenden Vorstellungen über Gesetzmäßigkeiten durchbrechen und neue ganz überraschende Erfahrungen bieten kann wie gerade die Sexualität.

Tor Nørretranders

Bruchstücke eines Berichts über eine Sexualität in Bewegung

I: Penis-Haß

«Ich habe so richtig Lust, mit dir zu bumsen, wenn ich daran denke, was du für einen schönen Schwanz hast», sagte sie. Wenn wir nicht am Strand gesessen hätten, wäre ich vom Stuhl gefallen. Wir hatten uns lange nicht gesehen, und ein paar Tage vor dem Ausflug zum Strand haben wir uns getroffen, um miteinander zu quatschen. Liebe war nicht geplant, aber es ist dann doch dazu gekommen.

Ich war erst mal total verwirrt, als sie das da am Strand sagte. Danach ein Gefühl der Befreiung und Stolz, vermischt mit Ekel und Demütigung. Nie vorher hatte ich eine Frau so etwas sagen hören, es aber oft gewünscht. Plötzlich wurde mein Gefühl von Penishaß widerlegt und machte mich unruhig.

Mir ging es immer so, wie es der schwedische Schriftsteller Bo Eneroth seinen Helden im Roman «Sammenbruddet» (Der Zusammenbruch) ausdrücken läßt:

«Die meisten Frauen haben im Innersten den Verdacht, daß die Männer samt und sonders nur auf ihren Körper aus sind, letztlich auf ihre Möse. Sie fühlen sich gedemütigt. Jahrtausendelang haben die Männer über ihre Seele, ihre Gedanken, ihre Gefühle die Schultern gezuckt. Ich litt an dem gegenteiligen Mangel. Ich verdächtigte immer die Frauen, nur auf meine Seele aus zu sein und meinen Körper und schließlich auch den Schwanz mit in Kauf zu nehmen. Gezwungenermaßen.»

Es war natürlich befreiend, diese Enerothsche Sehnsucht, als Sexualobjekt betrachtet zu werden, bestätigt zu bekommen. Aber es war selbstverständlich auch eine Demütigung. Denn man ist gewohnt, auf Grund von Eigenschaften geliebt zu werden, die man selbst erworben hat. Man kann klug, charmant, praktisch, verantwortungsvoll, gefühlvoll oder nur ein guter Liebhaber sein. Auf all das kann man stolz sein, es als Ausdruck seiner Eigenart empfinden. Schön für eine Männerrolle.

Aber der Schwanz! «Ich» habe keinerlei Verdienst daran, daß mein Schwanz so aussieht, und wenn eine Frau ihn mag, kann ich nichts dafür. Würde ich wirklich mitgeliebt werden, nur wegen einer zufälligen physiologischen Konstitution?

Dieses Gefühl haben die Frauen vermutlich, wenn wir Männer ihren Hintern, ihren Busen oder die Schultern bewundern. Und es immerzu tun. Dafür können sie ja auch nichts.

Aber vielleicht wirkt es noch demütigender auf einen Mann, wenn er endlich soweit kommt, als Sexualobjekt betrachtet zu werden. Denn der Schwanz ist ja im täglichen Sprachgebrauch der Männer eine selbständige Person. «Der Kleine», der «Süße» oder auch «Egon» wird er genannt. Der Schwanz ist ein selbständig handelndes Subjekt, das ewig auf eine Möse aus ist und dem man beibringen muß, sich eine zu besorgen durch das Erobern von Frauen mit Hilfe netter, eingeübter Eigenschaften. Tief drinnen haßt man diesen fordernden Schwanz. Er ist nicht Teil der eigenen Persönlichkeit.

Deshalb die Demütigung, wenn er geliebt wird.

Aber was bedeutet das? Mein Körper ist mein Ich. Mein Schwanz ist ein Teil meines Körpers. Mein Schwanz ist ein Teil von mir. Und ich habe nur den einen. Deshalb sollte ich ihn lieber endlich mögen.

Dahinter steckt natürlich, daß die Männerrolle den Körper negiert. Daß er nicht akzeptiert wird. Viele Männer haben sich darüber gewundert, daß Frauen – besonders nach dem Anwachsen der Frauenbewegung – ein bißchen Genitalangst hatten, genauer Penisangst. Aber – Hand aufs Herz (und genau dorthin!): Wieviele von uns Männern sagen, daß wir unseren Schwanz mögen, daß wir es überhaupt akzeptieren können, wenn er gemocht wird?

Bedeutet ein Auflehnen gegen die Rollenfixierung vom starken Mann nicht, daß wir Männer lernen müssen, uns zu lieben wie wir sind, um überhaupt geliebt werden zu können, wie wir sind, mit Schwanz und Haut und Haaren?

Gehört zum «neuen Mann» der Schwanz? Oder ist der nur wegen seiner Sanftheit liebenswürdig? Einer neuen Männersexualität muß es jedenfalls darum gehen, eine rohe Begierde auf eigene, nicht selbst erworbene Eigenschaften zu akzeptieren, bevor man sie fordert. Bo Eneroths Held fordert, wie ich, eine umgekehrte Abfolge der Dinge. Nach der Devise: Ich hasse meinen Schwanz, weil du ihn nicht liebst.

Man könnte das Penis-Fixierung nennen, aber es ist eigentlich das Gegenteil: Akzeptieren des Körpers.

II: Der aggressive Anstand

Ich konnte nicht. Ich mußte sagen: «Das bin nicht ich, das ist meine Sexualität. Ich will nicht.»

Das war in der Anfangsphase einer Beziehung. Sie sprach von männlicher Aggressivität in der Sexualität. Von Männern, die nehmen. Sie wollte mich gerne ein bißchen mehr zupackend. Nicht gerade in sadomasochistischer Manier, aber in der Richtung.

Da stand ich nun, der sanfte Mann, mit all meinem Anstand, und habe es mir doch hoch angerechnet, zuhörend, rücksichtsvoll, aufmerksam und empfindsam zu sein. Ich *verwaltete* die Sexualität zu ihrem Besten. Meinte ich.

Die Beziehung dauerte ein halbes Jahr, bis ich meine Begierde und deren Ausdruck angenommen habe. Natürlich spielte die Aggressivität da eine Rolle. Aber ich wagte sie nicht zu zeigen. Die Furcht, abgewiesen zu werden, saß tief.

«Du traust dich nicht, deine Aggressivität zu zeigen, weil du Angst hast vor dem, was dabei herauskommt, wenn du ihr nachgibst», sagte sie. Und das stimmte. Hinter dem Anstand war eine gewaltige Aggressivität verborgen, die ich mich nicht zu zeigen getraute. Denn wenn sie wüßten, wie ich in Wirklichkeit bin, würden sie mich nicht lieben.

Ich brauche mich nicht zu wundern, wenn die Frauen sich nicht für meine Begierde interessieren, wenn ich sie nun mal nicht zeige, sondern hinter einer Fassade von Anstand verstecke, und so der Frau vermittle, daß ich nicht daran glaube, sie könnte mich wirklich so lieben, wie ich bin.

Der vorher zitierte Bo Eneroth hat in einem Interview über den sanften Mann gesagt: «Die Sanftheit ist in Wirklichkeit Ergebnis einer ungeheuren Selbstbeherrschung, einer ungeheuren Selbstkontrolle. Gerade darauf reagieren die Frauen. Sie sagen, daß sie sanfte Männer wollen, aber finden sie uninteressant, wenn sie welche treffen. Ich glaube, das liegt daran, daß er ganz einfach unehrlich ist.»

Der sanfte Mann verleugnet seine Begierden. Herz und Schwanz sind nicht beieinander. Das eine hat nur das andere ersetzt. Und wenn man sich seiner eigenen Begierde nicht hinzugeben wagt, wie sollen es denn andere wagen, wie sehr man sie auch darum bittet?

III: Ein politischer Kopf trifft seinen Körper

«Klack!» – Ja, aber das war kein Laut, sondern das Gefühl, als ob ein riesiger eiserner Schließmechanismus um den Nacken einrasten würde, gerade dann, wenn ein selten ekstatischer Orgasmus sich ausbreiten wollte. Statt dessen wurde er am Nacken gebremst und der Erguß verlief wie die Notbremsung bei einer Dampflokomotive.

Es war etwas passiert mit den sexuellen Energien, seit ich zur Entspannungsgymnastik gehe. Die muskuläre Panzerung um Magen und Oberschenkel, die vorher die Energien auf die Geschlechtsorgane konzentrierte, löste sich und die Energie strömte beim Geschlechtsverkehr durch den ganzen Körper. Aber gerade dann, wenn das alles von selbst gehen wollte, wurde der Prozeß im Kopf bewußt. «Ich bin wirklich dabei, mich fallen zu lassen», dachte der Gedanke begeistert. Und – «klack» – schnappte die Panzerung im Nacken ein und sagte stopp. Ich begann, Grenzen zu überschreiten, und mein Körper hat mich daran erinnert, daß ich sie vielleicht gar nicht zu überschreiten wage.

Das war nicht gerade angenehm, aber es forderte Beachtung. Über diese Nackenpanzerung wußte ich nichts, bevor ich zur Entspannungsgymnastik ging. Wie die meisten hatte ich Spannungen im Nacken, aber ich hatte keine Ahnung, *wie*viel psychische Blockierungen im Nacken verborgen sind. In den ersten Monaten meiner Entspannungsgymnastik wurde mir plötzlich klar, wieviel Unbehagen, Streßreaktionen, gehemmte Gefühle und blockierter Geschlechtsverkehr sich eigentlich in Nackenschmerzen ausdrücken. Der Nacken wurde plötzlich zu einem empfindlichen Kanarienvogel, der Überanstrengung und Grenzen meldete, lange bevor ich sie normalerweise erkannte.

Ich habe das akzeptiert, weil ich glaubte, ich könnte da durchkommen zu einem Zustand ohne Nackenschmerzen und orgastische Blockierungen. Das habe ich auch bis zu einem gewissen Grade geschafft, aber einige Wochen lang waren die Angst provozierenden

Nackenschmerzen noch ziemlich stark. Nicht zuletzt war das riesige, lautlose «klack» noch genauso kräftig.

Nun sind die Lehrer der Entspannungsgymnastik, zu der ich gehe, nicht sehr dafür, solche Erlebnisse zu kommentieren und zu deuten. Man hat nämlich am meisten davon, wenn man das selbst tut. Aber zufälligerweise war ich in der Zeit des großen «Klack» damit beschäftigt, einen Artikel über männliche Sexualität zu schreiben. Ich konnte deshalb den Psychologen Olav Storm fragen, der sich mit dem theoretischen Hintergrund von Körpertherapien wie der Entspannungsgymnastik beschäftigt, was er zu meinem «Klack»erlebnis meinte.

«Der Nacken ist oft die letzte Notbremse», sagte er. «Wenn die Energien im Unterleib losgelassen werden, können sie im Nacken gestoppt werden, wenn man sich weiter hinauswagt als man es vermag.»

Die Entspannungsgymnastik hat mir einiges klargemacht. Ich entdeckte Körperpartien, die Widerstand gegen meine Lebensführung leisteten, ohne daß ich es wußte. Um die Signale aufzufassen, die ich von meinem Körper bekam, mußte ich ihn annehmen und empfinden. Das hat bei mir eine unvorstellbare Angst hervorgerufen. Die existentielle und intellektuelle Angst, wie man sie von Kierkegaard und Sartre kennt, ist nichts gegen die Erschütterung, die entsteht, wenn man nach langer Betäubung anfängt, auf seinen Körper zu hören.

Den Gewinn könnte man als einen Zustand des *Da-seins* bezeichnen: ein weit klareres Bewußtsein darüber, was man an arbeitsmäßigen, sozialen und gefühlsmäßigen Belastungen schaffen kann. Eine gesteigerte Fähigkeit, persönliche Konflikte auszutragen. Eigentlich insgesamt eine geschmeidigere und stärkere Persönlichkeit.

Zum Beispiel die Beine. Die Entspannungsgymnastik umfaßt ganz konkret eine Massage, wobei die Muskeln gestreckt werden. Man kann sich nach der Behandlung sowohl breiter wie länger fühlen, weil der verkrampfte Zustand der Muskeln, eine Folge der Panzerung gegen die täglichen Widrigkeiten, gelöst wird. Aber die Muskeln sind nicht umsonst verkrampft. Sie enthalten Erfahrungen und Belastungen des täglichen und des vergangenen Lebens. Wenn sie gestreckt werden, löst das schmerzhafte Erfahrungen aus, die in der Verkrampfung eingeschlossen sind.

Das kann sehr befreiend sein. Eines Tages war ich schlechter Laune, weil es Stunk in der Beziehung gegeben hatte. An dem Tag war die Behandlung der Beine Anlaß zu einem ganz überraschenden Erlebnis.

Als ich kam, war ich sauer, so sehr, daß ich am liebsten nicht darüber reden wollte. Und dann plötzlich strömte während der Behandlung eine enorme Traurigkeit aus den Beinen. Wogend, ohne Bilder, und befreiend. Der ganze Körper wurde von einem Gefühl tiefer Sehnsucht nach einer aufrichtigen Geborgenheit erfüllt. Das war keine Traurigkeit, die sich auf ein bestimmtes Liebesobjekt oder etwas anderes Konkretes bezog. Es waren keine Bilder, nur Strömungen. Hinterher ging ich zu meinem größten Erstaunen pfeifend die Villenstraße hinunter, in der das Institut liegt. Nicht daß die Probleme gelöst waren, aber die Gefühle, die Sorgen waren freigelassen. Das war eine Erleichterung.

Ähnlich ging es mit den Oberschenkeln. Das war eigentlich die einzige Stelle, wo mir die Spannungen nicht verständlich waren. Es hatte sich gezeigt, daß die Magenregion, die Lenden und der Nacken angespannt waren. Das war von der Lebenssituation und der Persönlichkeit her zu verstehen. Aber die Oberschenkel. Das war nicht zu verstehen.

Meine Eltern überstürzten sich beinahe, als ich ihnen eines Tages bei einer Abendgesellschaft von den unverständlichen Spannungen in den Oberschenkeln erzählte. «Kannst du dich nicht mehr erinnern, was passiert ist, als du elf warst?» fragten sie gleichzeitig. Und plötzlich fiel es mir ein, daß, wenn ich mich bei der Entspannungsgymnastik an all die Fußballverletzungen der Knabenjahre erinnert und sie nacherlebt hatte, ein gewaltiges physisches Erleben in meinem Körper stattfand, das ich verdrängt hatte und das aus meiner Erinnerung verschwunden war. Bei einem Dummenjungenstreich wurde mir eine gezündete Rauchbombe zwischen die Beine geschossen. Gewaltige Verbrennungen haben beide Oberschenkel verunstaltet, besonders den linken. Wochenlanges Liegen und jahrelang durch die Verbrennung gezeichnete Oberschenkel waren zum Pubertätstrauma geworden.

Ich hätte geschworen, daß trotzdem alles vorbei war. Das Sichtbare jedenfalls. Aber so viele Jahre danach sind also meine Oberschenkel immer noch verspannt. Eine Abwehrhaltung gegen Rauchbomben? Dagegen, verbrannte Schenkel zu zeigen? Was es auch war, mein Bewußtsein hatte es verdrängt, aber die Schenkel verrieten es bei der Behandlung. Und typischerweise löste sich ein Teil der Verspannungen, als die Verdrängung behoben wurde und ich erkennen konnte, daß die Gefahr nicht länger aktuell war.

Und dann das mit den Ohren. Das ist komisch. Wenn ich an den Beinen, den Lenden und in der Schulterregion (besonders der linken) behandelt werde, dann prickelt es im Ohr, besonders im rechten. Ein ganz feines Prickeln, wie wenn ein ganz feiner Strahl von Kohlensäure gegen das äußere Ohr piekst. Das passiert an verschiedenen Stellen im Ohr, je nachdem, wo am Körper ich behandelt werde. Das Gefühl ist ganz echt und keineswegs unangenehm. Was ist das?

Einige nicht-westliche ärztliche Künste berichten von heimlichen Verbindungen im Körper, die bewirken, daß jedes Organ im Körper an verschiedenen Punkten an anderen Stellen repräsentiert ist, z. B. im Ohr, im Auge und an den Füßen. Ich habe so was früher nie für möglich gehalten.

Anfang der 70er Jahre drang z. B. das Wissen von der chinesischen Akupunkturkunst in die westliche Welt. Zuerst habe ich nicht daran geglaubt, aber im Laufe der Jahre wurde demonstriert, daß diese Akupunktur tatsächlich funktioniert. Ein Teil der physiologischen Grundlagen sind erklärt und selbst die Weltgesundheitsorganisation WHO hat die Akupunktur als wirksam anerkannt. Aber für mich bleibt da eine fundamentale Frage: Wie konnte man dieses System überhaupt finden?

Die Akupunktur beruht auf einem Zusammenhang zwischen Tausenden von Körperpunkten. Wie wurden sie entdeckt? Wenn die Chinesen einfach hergegangen sind und auf dem ganzen Körper mit Nadeln herumgepiekst haben, wie sind sie dann in einigen tausend Jahren zu diesem ausgeklügelten System gekommen?

Natürlich spielt mir hier mein westliches Denken einen Streich. Denn das Erlebnis mit den Ohren hat gezeigt, daß die Frage absurd ist. Man kann wirklich solche Zusammenhänge im Körper *spüren*, ganz genau und sanft. Das heißt, *ich* kann nur einige vereinzelte und sicher mehr zufällige Zusammenhänge spüren. Aber ich zweifle nicht eine Sekunde daran, daß das ein Rest von einer Empfindlichkeit und einem Wissen von körperlichen Zusammenhängen ist, der, wenn man in einer kapitalistischen Maschinengesellschaft lebt, täglich niedergeknüppelt wird. Kein Wunder also, daß man die vielen Akupunkturpunkte zu einer Zeit entdeckte, als man mehr auf die Signale des Körpers hörte, als es uns heute möglich ist.

Einen Tag nach dem «Klack»-Erlebnis saß ich im Vier-Uhr-Flugzeug nach Tirstrup und blätterte in alten Aufzeichnungen und Folien. Ich war auf dem Weg zu einem Ärztekongreß, um einen Routinevortrag zu halten. Eine Gruppe praktizierender Ärzte besuchte einen Kurs über

Gesundheitspädagogik und meine Aufgabe war die gewohnte: das sozialdemokratische Modell als ein Vorgehen zu kritisieren, das die Gesundheitsprobleme durch Aktivierung des individuellen Gesundheitsbewußtseins lösen wollte. Tenor meines Vortrags sollte die bekannte linksorientierte Auffassung sein: Nehmen wir eine Volkskrankheit wie Krebs, nützt es nicht sehr viel, eine Kampagne gegen das Rauchen zu veranstalten, wenn die gesellschaftlichen Verhältnisse die eigentliche Ursache sind. Also: Individuelle Lösungen taugen nichts, die Dinge müssen kollektiv gelöst werden.

Eigentlich wollte ich nur die alten Aufzeichnungen von ähnlichen Vorträgen durchgehen. Aber da ergaben sich zu viele Widersprüche. Wie ich da im Flugzeug saß, erst teilweise den gestrigen Orgasmus-«Klack» überwunden, spürte ich an meinem Nacken, daß etwas nicht stimmte. Mein Denken war in den vergangenen Wochen erfüllt von dem neuen Körperbewußtsein, und dann sollte ich hier für kollektive Lösungen agitieren, während mein Leben sich auf Grund einer individuellen Therapie zu verändern begann.

Unmöglich. Ich konnte einfach nicht aus ernsthafter Überzeugung behaupten, daß man jede individuelle Bewußtseinstherapie sowieso gleich aufstecken könnte. Aber wie anders? Bestand keinerlei Verbindung zu den einzig richtigen kollektiven Lösungen?

Die Lösung des Rätsels ging mir zum Glück auf, bevor wir in Tirstrup ankamen: Die *Lösung* der Probleme erfolgt natürlich kollektiv. Aber die *sinnliche Wahrnehmung* derselben erfolgt individuell.

Man kann nicht gegen Unterdrückung kämpfen, wenn man nicht merkt, daß man unterdrückt wird. Ich hatte während der Behandlungen der letzten Monate ein Wissen von den kleinen und großen Anlässen erworben, die mich unterdrückten. Einige konnte ich selbst beeinflussen. Andere erfordern ein kollektives Vorgehen, wenn es sich z. B. um Arbeitsverhältnisse oder Atombomben handelt.

Es war mir überhaupt klargeworden, daß es mehr Unangenehmes gab als ich dachte und daß ich mehr Energie brauchte, um die erkannten Belastungen auszuhalten, als ich dachte. Aber auch, daß ich stärker bin, als ich glaubte.

An dem Punkt kann man eine politische Perspektive der individuellen Therapie sehen: Empfindungen und Sensibilität werden aktiviert. Man erkennt sich als unterdrückt. Und verdrängt man dieses Erleben, wird man vom Körper schon daran erinnert.

Aber das konnte natürlich nicht heißen, daß ich zu den Ärzten sagen konnte, die Gesundheitspädagogik wäre so ohne weiteres okay. Denn es nützt nichts, die Einsicht der Leute für die Ursachen ihrer Schmerzen zu aktivieren, wenn das einzige, was man ihnen danach anbietet, Schmerzmittel, Sport und Stimmzettel sind.

Die thearapeutische Politik ist, selbst wenn sie bis jetzt noch überhaupt nicht richtig formuliert ist, bei weitem radikaler als die Trimm-dich-Politik. Denn hier geht es gerade darum, den Schleier für die Situation des einzelnen zu lüften.

Das Seltsame ist, daß die Entspannungsgymnastik nicht – wie manche meiner Bekannten offenbar geglaubt haben – augenblicklich dazu führt, daß es einem besser geht. Die Behandlung kann schon den Leuten unmittelbar helfen, die konkrete Probleme haben. Aber es handelt sich nicht primär um eine lindernde und heilende Form der Behandlung. Sie ist im Gegenteil problemsuchend, Schmerz provozierend und Angst erzeugend. Man wird auf die Widersprüche aufmerksam, in denen man lebt. Und nach monate- oder jahrelanger Arbeit mit Lebenssituation und Selbstannahme können sich dann einige der Gefahrensignale abschwächen.

Mit dem Nacken z. B. geht es jetzt gut. Meistens. Aber das brauchte Zeit.

Es ist eine Reise. Eine Reise hin zu größerer Selbstbezogenheit, einer flexibleren Persönlichkeit, einem größeren Respekt für die Grenzen. Eine Reise, die nie enden kann, weil es so viele Signale eines Körpers mitten in einer widersprüchlichen, von Katastrophen bedrohten Welt gibt.

Aber eine Reise, die unterwegs den Kopf überall darüber belehrt, daß da mehr ist als:

Mein Körper ist mein Ich.

IV: Hingabe an Achterbahnen

«Es ist ein sehr gutes Orgasmustraining, mit Achterbahnen zu fahren», sagte einer meiner Bekannten aus Psychologenkreisen eines Tages. Daran glaube ich nicht recht. Vielleicht vor allem deshalb, weil ich mich nie getraut habe, Achterbahn zu fahren, aber auch, weil Orgasmus nichts ist, was man trainieren kann.

«Wenn man sich in der Achterbahn dagegenstemmt, ist das unangenehm. Aber wenn man sich der Bewegung hingibt, ist es herrlich», fuhr er fort.

Und daran kann vielleicht schon was sein. Man kann es nicht lernen, Orgasmen zu bekommen, aber Orgasmen haben eine Menge mit der Fähigkeit zur Hingabe zu tun, und die kennt man von vielen Situationen: ein Mopedausflug in die Berge auf den griechischen Inseln, wo man die Haarnadelkurven am besten kriegt, wenn man sich der halsbrecherischen Neigung des Mopeds in den Kurven hingibt. Das freundschaftliche Gespräch am Abend, das erst offen wird, wenn man sich dem gemeinsamen Dialog hingibt und nicht bei der selbstgelenkten Steuerung ausgewählter Informationen stehenbleibt. Die Skitour ins Gebirge, wo man sich den Kurven der Loipen hingibt und erst dann die Berglandschaft in der Ferne richtig genießen kann.

Man kann nicht so genau sagen, was Hingabe ist. Aber der Pädagoge und Jazzmusiker Adrian Bentzon hat einmal auf einem Seminar über freie Ausbildungsformen im Norden versucht, zu erklären, was *Freiheitserleben* ist:

> «– Es gibt Tage, wo du das Gefühl hat, die Welt steht dir offen. Wenn du das Gefühl hast, ganz mit dir und dem Leben übereinzustimmen. Und daß alles nur darauf wartet, daß du etwas auf die Beine stellst, weil du zu allem fähig bist.
>
> – Wenn du skiläufst und die Geschwindigkeit genießt und die Hingabe an die Geschicklichkeit, die das Gelände von dir fordert, oder wenn du vielleicht etwas gewagt hast, das an deine Grenzen geht und du die Angst überwunden hast.
>
> – Wenn du bei deiner Arbeit oder bei anderer Gelegenheit auf ein Hindernis gestoßen bist, das unlösbar scheint und alle Kräfte fordert, und auf einmal merkst, daß es der Anstrengung nachgibt.
>
> – Wenn du nachts baden gehst.
>
> – Wenn du längere Zeit unter Druck gearbeitet und die Anstrengung überstanden hast.
>
> – In Situationen, wo du von etwas anderem «übernommen» wirst, wo du zu Handlungen getrieben wirst, die du nicht bestimmst und oft nicht verstehst, die du aber als wichtiger erlebst als die eigenen, rational gesteuerten Handlungen.
>
> In all diesen Fällen habe ich mich frei gefühlt, außer, daß ich schlecht skilaufe und da nur selten meine Angst überwinde.

Betrachtet man das Gemeinsame an diesen Erlebnissen, so sind die meisten von einem Zusammenwirken mit der Umwelt geprägt, aber für alle gilt, daß sie einen Zustand voller Energie oder eine Veränderung zu einem höheren Energiezustand darstellen. Ich glaube, man kann nicht von Freiheit in positiver Hinsicht sprechen, ohne über Energie zu sprechen, und ich wage die Behauptung: ‹Freiheit ist, wenn die Energie fließt›.»

Nein, hier stand kein Wort über Orgasmus und nur eines über Hingabe. Aber daß es hier um so etwas geht, darüber dürften kaum Zweifel bestehen. Hingabe besteht darin, Freiheit zu wagen und den Widerstand der Umwelt zu akzeptieren.

Aber gleichgültig, ob man Hingabe im Tivoli oder in der Sommernacht lernen kann, es ist etwas, das ein Leben lang dauert. Beginnen kann man mit den Hemmungen gegen die Hingabe. Wenn man die nicht erkennt, kommt man nicht weit.

Inzwischen reden Männer in meinem Bekanntenkreis darüber, daß sie nicht wissen, ob sie es jemals gewagt haben, sich einem Orgasmus hinzugeben. Über so etwas hat man vor einem Jahr noch nicht gesprochen. Es ist immerhin ein Beginn.

Vielleicht fängt es schon an, schöner zu werden?

Die Autoren

Frede Bro-Rasmussen, geb. 1923, Arzt. Abteilungsleiter beim medizinisch-anatomischen Institut B, Universität Kopenhagen. Hat u. a. Artikel über chirurgische, anatomische und embryologische Themen herausgegeben.

Sten Hegeler, geb. 1923, Psychologe. Unterrichtet am Psychologischen Seminar der Universität Kopenhagen. Hat u. a. herausgegeben: «Hvordan, mor?» (Wie ist das eigentlich, Mutti?/1948, 1980[3]); «Kærlighedens ABZ» (Das Abz der Liebe/1961, 1980[3]) und «Sexuality of the elderly» Brit. J. Sexual Medicine V, 1978.

Preben Hertoft, geb. 1928, Arzt. Oberarzt an der psychiatrischen Poliklinik und dem sexologischen Forschungsbereich am Rigshospital Kopenhagen; Dozent an der Universität Kopenhagen. Hat u. a. herausgegeben: «Undersøgelser over unge mænds seksuelle adfærd, viden og holdning» (Untersuchung über das sexuelle Verhalten und Wissen junger Männer, Promotion, 1968); «Pædagogisk Sexologi» (zusammen mit Henrik Hoffmeyer & Else Lykkebo, 1970); «Klinisk Sexologie» (1976, 1980[2]) und «Du og det andet køn» (Du und das andere Geschlecht, 1966, 1981[4]).

Sven Holm, geb. 1940, Schriftsteller. Hat u. a. herausgegeben: «Det private liv» (Das private Leben, 1974); «Ægteskableg» (Ehespiel, 1977); «Aja, hvor skøn» (Oh wie schön, 1980) und «Mænd og mensker» (1979). Außerdem Dramen, u. a. «Struensee var her» (Struensee war da, 1977) und «Hans Egede – eller Guds ord for en halv tønde spæk» (Hans Egede – oder Gottes Wort für eine halbe Tonne Speck, 1979).

Olav Storm Jensen, geb. 1942, Dozent am Psychologischen Seminar, Universität Kopenhagen. Arbeitet theoretisch und praktisch mit Körperpsychologie und psychologischer Körpertherapie.

Tor Nørrestranders, geb. 1955, Journalist. Naturwissenschaftlicher Mitarbeiter bei der Tageszeitung *Information*. Redakteur bei Naturkampen – sozialistische Zeitschrift für Naturwissenschaft, Technik und Medizin. Hat u. a. herausgegeben: «Om kapitalistisk Naturvidenskab» (1976) und «Kræftens frie spil» (Das freie Spiel der Kräfte, 1980)

Morten Thing, geb. 1945, cand. phil. Redakteur bei politisk revy. Hat u. a. herausgegeben: «Ideologier og litteratur» (1973); «Planøkonomie og folkefront» (Planwirtschaft und Volksfront, 1979); «Danmarks Kommunistiske Parti 1918–41» (1979) und «Far mor børn» (Vater Mutter Kinder», zusammen mit Anette Steen Pedersen, 1979).

Willy Thrysøe, geb. 1945, cand. mag. Dozent am Universitätszentrum Roskilde. Hat u. a. herausgegeben: «Seksualvidenskab, Drift» (Sexualwissenschaft, Trieb, 1979)

Søren Vinterberg, geb. 1944, mag. art. Sekretär für die Arbeitsgruppe Kinder und Kultur beim Kultusministerium. In der Redaktion der Zeitschrift HUG! Hat u. a. herausgegeben: «Noget som ikke kan standses ... En debatbog om kernefamilier, kollektiver og kønsroller» (Unaufhaltsam ... ein Diskussionsbuch über Kernfamilien, Wohngemeinschaften und Geschlechterrollen, zusammen mit Lisbeth Hertel, 1976).

Gorm Wagner, geb. 1930, Arzt. Abteilungsleiter des medizinisch-physiologischen Instituts B der Universität Kopenhagen. Hat u. a. herausgegeben: Artikel über Themen der Fortpflanzungsphysiologie und «Impotence. Physiology, Psychology, Surgery» (zusammen mit Richard Green, 1981).

Literaturhinweise

Kapitel 6

Francesco Albertoni: Forelskelse og Kærlighed (Verlieben und Liebe), Informations Verlag, Kbh. 1981

Niels Ernst: Børns Sexuelle Udvikling, (Die sexuelle Entwicklung des Kindes) Munksgård, Kbh. 1979

Kahlil Gibran: Der Prophet. Wegweiser zu einem sinnvollen Leben, A. Walter, Freiburg 1978

Preben Hertoft: Klinisk Sexologi (Klinische Sexologie), 2. Ausg. Munksgård, Kbh. 1980

Preben Hertoft: Den vanskelige nærhed (Die schwierige Nähe), in: Tusind Øjne nr. 40, Märts 1981

Thore Langfeld: Sexual Development in Children

Maria Torok: Betydningen af «penismisundelsen» hos kvinden, (Die Bedeutung des «Penisneids» bei der Frau) in: Tanis Ørum (red): Kvindelighed, 113–160, Tiderne skifter, Kbh. 1980

Kapitel 7

Andreasen, E: De indre organer (Die inneren Organe), Anatomi II. Munksgård, Kopenhagen 1978
Cunningham's Textbook of Anatomy, Oxford University Press, London 1972
Dickinson, R. L.: Human Sex Anatomy. William & Wilkins Co., Baltimore 1933
Hertoft, P.: Klinisk Sexologi, Munksgård, Kopenhagen 1976
Hertoft, P., Hoffmeyer, H. & Lykkebo, E. (red): Paedagogisk Sexologi. Gyldendal, Kopenhagen 1971
Holm, E.: Den maskuline Mystik, Rhodos, Kopenhagen 1975
Kehler, A.: Anatomi og Fysiologi I & II, Arnold Busck, Kopenhagen 1978
Masters, W. H. & Johnson, V. E.: Die sexuelle Reaktion. Rowohlt Taschenbuch Verlag, Reinbek 1970
Reich, W.: Die Funktion des Orgasmus, de Munter, Frankfurt o. J.

Kapitel 8

Metz, P. & Wagner, G.: Vaskulært betinget erektil impotens. (Vaskular bedingte erektive Impotenz) Månedsskrift for praktisk Lægegerning, 1979, 57, 395–408.
Wagner, G. & Brindley, G. S.: The effect of atropine, and blockers on human penile erection: a controlled pilot study. In: Vasculogenic Impotence, Proceedings of the First International Conference on Corpus Cavernosum Revascularization, ed. Zorgniotti A. W. & Rossi, G., Charles C. Thomas, Springfield, 1980, p. 77–81
Willis, E., Ottesen, B., Wagner, G., Sundler, F. & Fahrenkrug, J.: Vasoactive intestinal polypeptide (VIP) as a possible neurotransmitter involved in penile erection. Acte physiol scand. 1981
Wagner, G. & Green, R.: Impotence (Erectile Failure). Physiology

Kapitel 10

Reich, W.: Die Funktion des Orgamus. Die Entdeckung des Organs. Sexualökonomische Grundprobleme der biologischen Energie, Kiepenheuer & Witsch, Köln o. J.

Kapitel 11

Bentzon, Adrian: «Udviklingstendenser inden for de frie uddannelser» (Entwicklungstendenzen in der freien Ausbildung) in: «Det frie Gymnasium. Årsberetning 1971–72» Christian Ejlers' Verlag 1973
Dam, Hanne & Nørretranders, Tor: «Den bløde mand er en unnaturlig konstruktion – derfor føler kvinder sig frastødt af ham» (Der sanfte Mann ist eine unnatürliche Konstruktion – deshalb fühlen sich die Frauen von ihm abgestoßen) Interview mit Bo Eneroth in der Zeitung Information am 18. / 19. April 1981
Enerotd, Bo: «Sammenbruddet» (Der Zusammenbruch), Informations Verlag 1980
Vinterberg, Ingerlise: «Kropsterapi og afspænding» (Körpertherapie und Entspannungsgymnastik) Naturkampen 8, 1978, S. 10–15